KB096983

# 밀레니얼에
## 집중하라

# 밀레니얼에 집중하라

나 정도면 괜찮은
꼰대 아니야?

부장님 농담
어디에서 웃어야 하죠?

Booksgo

# 나는 멋진 꼰대였을까

F

얼마 전에 30대 대학원 동기가 이야기를 나누다가 하소연을 했다. 예전부터 결혼 생각이 없고 혼자서 일하고 여가를 즐기며 살아가는 것이 좋다고 하던 친구였다.

그런데 비혼이라고 밝힐 때마다 누구랄 것 없이 다들 그렇게 잔소리를 한다는 것이다. 왜 결혼을 안 하는지, 눈이 너무 높은 건 아닌지, 나중에 나이 들어 외로우면 어쩌려고 그러는지... 다들 자신에 대해서 잘 알지도 못하는데 왜 굳이 그 이유를 파고 들어 야 속이 시원한지 모르겠단다.

그런데 그 이야기를 듣고 공감하면서도 한편으로는 괜히 내 속이 뜨끔했다. 생각해 보면 나 역시 기존의 틀과 다른 삶의 형 태를 만났을 때 별 생각 없이 한마디씩 참견하곤 하지 않았던가? 내 딴에는 신기하기도 하고, 앞선 세대가 가보지 않은 길을 걷는 그들이 걱정스럽기도 해서 던졌던 말이 그들에게는 스트레스가 되었을지도 모르겠다는 생각이 그제서야 불쑥 들었다.

　　강의를 다니거나 대학원의 동기들인 젊은 친구들을 많이 만나다 보니 나는 나름대로 그들을 잘 이해하고 소통하고자 노력한다고 자부하고 있었다. 하지만 돌이켜보면 나 역시 기성세대의 잣대를 들어 거기에 맞추기를 강요하는 꼰대 노릇을 한 적은 없었는지 뒤돌아보게 된다. 내게는 너무 익숙해서 미처 상대방과 코드가 다를 수도 있다는 생각조차 하지 못하고 나의 가치관을 정답처럼 밀어붙인 적은 없는지 말이다.

　　조직 내의 밀레니얼세대와 기성세대를 번갈아가며 자주 접하다 보니 최근엔 그 어느 때보다도 세대 간의 차이가 부각되는 시기라는 것을 실감한다. 똑같은 질문을 던져도 세대별로 어떻게 받아들이는지, 또 어떤 대답이 돌아오는지가 극명하게 다르다. 밀레니얼세대는 왜 이렇게 새롭고 다를까? 다른 걸 넘어서 때로는 이상해 보이기까지 하는 그들을 부정하는 것은 쉽지만, 이미 밀레니얼세대는 막을 수 없는 분명한 물결로 밀려들어오고 있다.

오히려 그들에 대해서 궁금해 하고 더 많이 알고 싶어 해야 하는
시점이라는 생각이 든다.

나 역시 일상 속에서 밀레니얼세대의 새롭고 때로는 생소한
면모들을 접하면서 그들에 대해 조금 더 잘 알고 싶었다. 또한 소
통 전문가로서 앞으로의 세대 간 소통에 있어 밀레니얼세대에 대
한 연구가 반드시 필요하리라는 생각을 했다. 이에 〈K대학병원
구성원의 밀레니얼세대와 기성세대 간 학습에 대한 자기주도성
과 경력몰입의 관계〉 논문을 통해 기성세대와 밀레니얼세대가
지닌 특성과 관계에 대하여 연구했다. 더불어 발전적인 관계를
맺기 위해 고민하는 이들에게 조금이나마 더 도움이 되길 바라는
마음에 이 책을 펴내게 되었다.

세대 간의 차이는 어쩔 수 없다지만 적어도 그에 대해 새롭게
받아들이고, 이해하고, 꼰대가 되더라도 이왕이면 멋진 꼰대가

되고 싶다. 수많은 변화를 꼬리에 달고 사회에 밀려들어오는 밀레니얼세대가 너무 낯설 수도 있다. 불편하고 때로는 화가 날 때도 있다. 하지만 뒤집어 생각하면 우리가 너무 익숙해서 불편한 줄도 모르고, 불합리한 줄도 모르고 관성적으로 살아온 것은 아닐까? 나는 밀레니얼세대에 대한 연구를 통해 우리가 세대 간 차이를 이해하고 서로의 장점을 배우고자 한다면 조직 내에서 새롭고 놀라운 발전을 이루어낼 수 있으리라고 확신했다.

많은 학자들이 이미 밀레니얼세대에 대해 연구하고 있지만 이 책에서는 학문적이거나 이론적인 접근보다는 실제 경험담 위주로 쉽게 와 닿을 만한 이야기들을 주로 담고자 했다. 실생활에서 우리는 밀레니얼세대를 어떻게 만나고 어떻게 대하며 어떤 변화를 모색해나가야 할까. 기성세대와 밀레니얼세대의 가치관 사이에서 적어도 멋진 꼰대가 되고 싶은 이들에게 도움이 되길 바라며 모두에게 응원을 보낸다.

심혜경

# CONTENTS

: 프롤로그 : **나는 멋진 꼰대였을까** ___ 004

## PART 01

# 요즘 애들은 도대체 왜 그럴까

| | 01 | 3박 4일 연수에서 그냥 돌아온 인턴사원 ___ 014 |
| | 02 | 나만 모르는 완벽 시나리오 ___ 020 |
| | 03 | 하나뿐인 자식 하나부터 열까지 ___ 027 |
| | 04 | 게임이 아니라 과제 중이에요 ___ 033 |
| | 05 | BMW 타는 20대 인턴 ___ 040 |
| | 06 | 이불 밖은 위험하다는 그들 ___ 046 |
| | 07 | 미래의 집 대신 오늘의 뮤지컬 티켓을 산다 ___ 052 |

○ ●● ◖ **밀레니얼세대와 기성세대란 무엇인가** ___ 059

**PART 02**

# 부장님 농담 어디에서 웃어야 하죠

| | | |
|---|---|---|
| **08** | 우리가 왜 친해져야 하나요 | ___ 066 |
| **09** | 할 말이 없는 건지 할 수가 없는 건지 | ___ 073 |
| **10** | 개인주의가 모여 집단을 이루었을 때 | ___ 080 |
| **11** | 카톡으로 회의하면 안 될까요 | ___ 087 |
| **12** | 회식도 업무라면 야근수당을 주세요 | ___ 094 |
| **13** | 직설적이고 빠른 피드백을 원하는 세대 | ___ 101 |
| **14** | 퇴사 이후의 계획 없는 퇴사 | ___ 109 |
| ○ ◐ ◑ | **기성세대가 만든 성공 방정식은 달라졌다** | ___ 116 |

# CONTENTS

PART 03 ○───────────────────────────○

## 나 정도면 랜찮은 꼰대 아니야

15   '나 때는 말이야'가 입 밖으로 나올 때 ___ 124

16   만두 빚지 않는 세대를 만났다 ___ 132

17   더 이상 주인 의식을 가진 직원은 없다 ___ 139

18   청춘, 왜 도전하지 않는 것인가 ___ 145

19   임원은 왜 늘 화가 나 있나요 ___ 151

20   내로남불은 그만! 입장 바꿔 생각해보면 ___ 158

21   밀레니얼세대에게는 새로운 리더가 필요하다 ___ 164

**세대 갈등은 어디에서 오는가** ___ 171

MILLENNI

# PART 04

## 나와 다른 것도 옳을 수 있다

**22** 우리는 모두 어딘가에 소속되어 있다 ___ 178

**23** 반사적인 언어 습관을 건강하게 ___ 185

**24** 내게 익숙한 것을 내려놓을 때 ___ 192

**25** 칭찬 반 지적 반, 진정성 많이 ___ 200

**26** 우리는 서로를 궁금해 해야 한다 ___ 207

**27** 작은 관심부터 시작해보면 어떨까 ___ 214

**28** 카리스마보다 마음을 움직이는 힘 ___ 220

○●● ◎ **서로의 마음을 읽는 커뮤니케이션** ___ 226

: 에필로그 : **변화는 가까이에 있다** ___ 230

# PART 01

3박 4일 연수에서 그냥 돌아온 인턴사원

나만 모르는 완벽 시나리오

하나뿐인 자식 하나부터 열까지

게임이 아니라 과제 중이에요

BMW 타는 20대 인턴

이불 밖은 위험하다는 그들

미래의 집 대신 오늘의 뮤지컬 티켓을 산다

+ 밀레니얼세대와 기성세대란 무엇인가

요즘 애들은
도대체
왜 그럴까

# 01

## 3박 4일 연수에서
## 그냥 돌아온
## 인턴사원

○●● ◐   얼마 전 A씨는 대학생인 첫째 아들이 시험까지
보고 붙은 인턴쉽에서 3박 4일 연수를 간단 이야기를 듣고 첫 정
장을 맞춰 주었다. 제 힘으로 일자리를 구하고 사회생활에 첫 걸
음을 내딛은 것 같아 지켜보는 엄마의 마음이 내심 뿌듯했다.

아들은 연수 당일이 되자 아침 일찍 준비를 마치고 긴장 반
설렘 반의 상기된 얼굴을 한 채 집을 나섰다. 부모로서 바라보는
아들의 뒷모습이 대견하기도 하고, 새로운 곳에서 어떤 경험을
하고 돌아올지 궁금하기도 했다.

그런데 뜻밖에도 바로 다음 날 오전에 아들이 집 현관문을 열고 들어오는 게 아닌가? 업체 측 스케줄에 무슨 문제라도 생긴 것인지, 아니면 아들이 간밤에 어딘가 아프기라도 했는지... 놀라서 사정을 물었는데 전혀 생각지도 못한 대답이 돌아왔다.

70명 정도가 모인 자리에서 직무 교육 등의 오리엔테이션을 진행했는데, 아마 나이별로 서열을 나누고 다소 강압적인 분위기에서 프로그램이 진행된 모양이었다. 일은 시작도 하지 않았는데, 권위적인 분위기와 일방적인 규칙 강요에 반발심이 들었다고 한다. 그래서 아들과 마음이 맞는 10여 명이 작당하여 다음 날 집으로 돌아가기로 결정했다는 것이다.

이야기를 듣고 나니 일단 말문이 턱 막혔다. 예전 같으면 어렵게 들어간 회사나 조직이 마음에 안 든다는 이유로 하루 만에 뛰쳐나온다는 건 상상도 할 수 없는 일인데... 말로만 듣던 '요즘 애들'이 이런 것일까. 마음속으로 불만을 갖는 데 그치지 않고 단번에 행동으로 그것을 거부하다니 쉽게 납득이 되지 않았다.

하지만 그 와중에도 순순히 자리에 남아 그들이 제시한 조직 문화를 따르는 나머지 아이들이 있다는 생각을 하니, A씨는 더더

욱 자신의 아들이 유난한 게 아닌가 싶어 마음이 불안해지는 것
은 어쩔 수 없었다.

자신의 배로 낳고 20여 년을 기른 자식인데도 이럴 때는 전
혀 다른 체계에 근간을 둔 외계인을 보는 것처럼 생소하게 느껴
지기도 한다. A씨는 자기도 모르게 '아무리 그래도 뛰쳐나오면
안 되지!'라고 말하려다가 입을 다물었다. 뒤이어 나올 게 분명한
'그러면 왜 안 돼?'라는 대꾸에 대한 마땅한 답을 아직 가지고 있
지 않기 때문이었다.

문득 이것이 세대 차이인 것 같다는 생각이 들었다. 세대 갈
등은 언제나 있어 왔지만 특히 요즘 아이들 '밀레니얼세대'의 변
화는 따라가기 어려울 정도로 새롭고 생소하기만 하다.

'밀레니얼세대'란 정확히 어떤 세대를 뜻하는 것일까. 해외나
국내 연구에서 세대의 분류는 주로 '비슷한 시기에 태어난 집단'
을 기준으로 이루어지고 있다.

특히 국내 기업들을 대상으로 하는 최근의 다수 연구에서는
출생 연도에 따라 세 가지로 구분하는 방법을 사용한다. 일관적
으로 적용되는 것은 아니고 다양한 정의가 있지만, 다수의 국내

선행연구와 미국의 공통적인 세대 구분에 의하면 1980년대부터 2000년대 사이에 출생한 세대를 '밀레니얼세대'라 정의하고 있다.

그 이전으로 6.25 전쟁 후에 출생한 베이비부머 세대와 1970년 전후 출생한 X세대를 우리는 흔히 기성세대라 칭한다. 기성세대의 시선에서 보면 밀레니얼세대의 행동은 선뜻 이해가 되기보다 의아한 것들이 더 많다.

예전 같으면 직장에 막내 직원이 일찍 출근해 업무 준비를 하고, 또 평생 이 회사에 몸을 담겠다는 각오로 일하는 것이 당연한 분위기였다. 하지만 요즘 애들은 '적어도 10분 일찍 출근하라'고 하면 '그럼 10분 일찍 퇴근해도 되나요?'라고 묻는다고 한다.

우리 아이들도 졸업하고 취업하면 이런 신입사원이 되는 것이 아닐까? 사회생활이란 게 마음에 들지 않는 일도 참아야 하고, 때로는 의무감으로 견디기도 해야 하는 과정인데 우리 아이들이 과연 잘 해낼 수 있을까? 부모로서 그런 걱정이 드는 것도 당연한 일이다.

밀레니얼세대의 행동 방식은 우리가 여태껏 겪어온 상식과 전혀 다르다. 과거에는 권위적인 조직 문화에 쉽게 순응했고 부조리한 일이 있어도 반발하기보다 참는 쪽을 택했다. 하지만 이들은 좋은 걸 좋다고 말하고 싫은 걸 싫다고 말한다.

자존감이 높아 납득할 수 없는 것을 참고 따르지 않지만, 한편으로는 부모에게 의존해 자란 탓에 자기 주도성이 약하고 저성장 시대를 맞이해 꿈꾸는 것을 이룰 것이라는 기대가 없는 세대이기도 하다.

사실 기성세대의 입장에서는 그렇게 자란 젊은 세대의 방식을 있는 그대로 받아들이기 이전에, 지금까지와 다른 모습에 대해 걱정되는 마음이 큰 것이 사실이다.

하지만 밀레니얼세대는 사회생활에 적응하지 못하는 것이 아니라, 기성세대의 사회 속에 편입되기 어려운 것인지도 모른다. 그들은 점차 사회의 중심으로 자라나고 결국 앞으로의 조직 문화는 달라질 수밖에 없을 것이다. 그 과정에서 누군가는 적응하고 누군가는 거부할 테고, 또 누군가는 받아들이고 누군가는 기존의 것을 고집하면서 갈등을 겪을 수밖에 없다.

왜 우리는 이렇게 멀찍이 떨어진 거리를 두고 만나게 되었을까? 분명한 건 우리가 각각 독립된 채 살다가 만난 게 아니라, 분명 서로에게 관여하고 배우거나 밀어내며 겹쳐져 있었다는 사실이다.

기성세대는 우리가 어떻게 밀레니얼세대의 성장을 지켜봤는지 돌아보고 그들의 배경과 현재를 이해해야 한다. 기존의 가치관을 고집하기에 앞서 새로운 세대가 생각하는 방식을 일단 이해한 다음 소통과 설득이 이루어져야 한다는 것이다.

물론 밀레니얼세대 역시 기성세대가 믿고 쌓아온 지혜를 들여다봐야 한다. 어느 한 쪽이 전적으로 옳거나 그르다고 판단할 수는 없다. 다만 우리가 어떻게 다르며 왜 다른지, 밀레니얼세대에게 배워야 할 점은 무엇이며 또 기성세대가 물려줘야 할 것은 무엇인지 살펴보고 인지하는 과정이 우리 모두에게는 필요하다.

# 02

## 나만
## 모르는
## 완벽 시나리오

○●● ◐    일명 X세대라 불렸던 기성세대 부모들은 대부
분 자식 교육에 바지런히 열을 올리는 일이 많았다. 다들 우리 아
이의 일이라면 발 벗고 나서서 조금 더 열심히 공부할 수 있도록,
조금 더 좋은 대학에 갈 수 있도록 하나부터 열까지 뭐든지 뒷바
라지를 해 주려고 노력했다. 학업은 물론 친구를 사귀는 것까지
도와주는 게 좋은 부모 역할이라고 생각했던 것 같다.

하지만 잔소리를 하면서도 아이가 원하는 것을 모두 대신해

주다 보니, 아이도 하나부터 열까지 모든 것을 부모에게 맡기는 것이 어느새 당연해졌다. 심지어 피자집에 전화해 주문을 하는 것마저 주저하며 부모에게 미루는 아이들이 있을 정도다.

하지만 공부에 집중해서 나중에 탄탄대로를 걸을 수만 있다면... 이 정도 전폭적인 후원은 당연한 것이었다. 기성세대가 어릴 때는 그렇게 자라지 못했기 때문에 더욱 모든 것을 해주고 싶어 한다.

IMF 등 경제적인 어려움을 겪을 수밖에 없었던 시기와 달리 이제는 부족함 없이 자랄 수 있는 여건이 갖춰져 있기에 최대한 그 혜택을 누리길 바라는 마음인 것이다.


그 결과 밀레니얼세대는 4년제 대학 진학률이 가장 높을 정도로 스펙이 뛰어난 아이들로 자랐다. 그런데 이제 그럴 듯한 성인이 되었으니 자신이 하고 싶은 일을 향해 착착 나아갈 거라는 부모의 기대와 달리, 많은 대학생들이 학기 중에도 거의 아무것도 하지 않고 시간을 보내곤 한다.

꿈이 뭐냐고 물어보면 딱히 없다고 하면서도 걱정하는 기색을 보이지도 않는다. 부모는 둥지 안에서 다 커버린 아이를 차마 쫓아내지도 못하고, 그렇다고 다 큰 아이에게 계속해서 먹이를 물어다줄 수도 없다는 생각에 또 무엇을 해주어야 하냐며 불안해진다.

하루는 늦은 시간에 집에서 티비를 틀어놓고 한 예능 프로그램을 보고 있었다. 두 연예인이 길거리 상담소를 마련해두고 지나가던 일반인들의 고민을 듣고 상담해주는 프로그램이었다. 대학생쯤 되어 보이는 훤칠한 청년 두 명이 상담을 받으러 들어와 앉더니 말했다.

"일단 대학에는 왔는데, 뭘 해야 할지 모르겠어요."

똑똑해 보이는 그 청년은 하버드 대학생이었다. 모든 사람들이 꿈꿀 법한 해외 명문 대학에 들어가 남 부러울 것 없이 대학생활을 만끽하고 있어야 할 학생이 '목표가 없어졌다'는 고민을 털어놓는 것이었다.

하버드에 들어가면 모든 것이 술술 풀릴 줄, 그곳이 자신이 해온 노력의 종착점인 줄 알았는데 막상 대학에 와보니 그곳에 도착하는 게 완결이 아니라는 것을 깨달았다는 이야기였다.

그 학생은 왜 하버드 대학에 갔을까? 왜 그곳이 인생의 최종 목표인 것처럼 앞만 보고 달려온 것일까? 그곳은 본인의 판단으로 설정한 목표가 아니었을지도 모른다. 만약 스스로 인생의 목표를 설정한 뒤 하나의 과정이자 수단으로써 하버드를 선택했다면, 입학 후 오히려 성취감과 기대감에 들떴을 것이다.

그러나 실제로 많은 10대 학생들이 대학이 끝이 아니라는 사실을 자각하지 못하고 수험생이 되어 명문 대학 입학을 위해 공부에 매진하곤 한다. 많은 경우에 학생들 본인이 아니라 선생님이나 부모가 대신 목표를 설정해주기 때문이다. 그래서 무엇 때문에 공부하는지도 모르고 밤늦게까지 야간 자율 학습을 하고, 무슨 일을 하는지도 모르면서 공무원 시험 준비에 열중하기도 한다.

그 방송을 보고 있는데 남일 같지가 않았다. 좋은 대학에 들어갔지만 거기서 무엇을 해야 할지 몰라 그저 시간을 흘려보내고 있는 아이들이 한둘이 아니기 때문이다. 그런 모습을 보고 있으면 이미 이 지점까지 부모가 아이의 미래를 설계해 줬기에, 앞으로도 그렇게 하지 않으면 스스로 길을 찾기 어려울지도 모른다는 불안감이 엄습하기도 한다. 부모가 아이를 위해 해주었어야 하는 일이 무언가를 '대신' 하는 게 아니라는 깨달음이 다시 한 번 선명해지는 순간이다.

성인이 되어 독립적인 인생을 살기 시작하면 스스로 문제를 해결해 나가는 능력이 무엇보다 중요하다. 하지만 이렇게 스스로 방향성을 정하지 못한 아이들은 어쩌다 어른이 되고, 어쩌다 의사나 변호사가 되어 그 다음부터는 무엇을 해야 하는지 모르는 경우가 많다.

물론 어른들은 그 청춘들이 조금 더 멋진 삶을 살 수 있도록 가장 효율적이라고 생각하는 길을 안내하고자 하는 것이지만, 한편으로는 스스로 생각하고 결정할 수 있는 기회를 지나치게 박탈해온 것은 아닐까 우려도 된다.

소위 '엘리트 코스'를 밟아온 똑똑한 학생들조차 아니 오히려 그런 아이들일수록 부모가 시킨 대로 차곡차곡 단계를 밟아가는 것에 익숙하다. 부모의 품을 벗어나 마침내 모든 걸 홀로 해야 할 때가 오면 이 아이들은 어떻게 사회생활을 하게 될까? 성인이 된 아이가 부모 없이 그곳에서 스스로 관계를 맺고 일을 찾으며 상사와 소통하는 법을 알 수 있을까?

실제로 밀레니얼세대에게서 나타나는 특징 중 하나가 자기 주도성이 낮다는 점이다. 자기 주도성은 주도적으로 자신의 일을 이끌어가는 개인의 내적 특성을 말한다. 이는 학습에 대한 자율적인 욕구와 의지, 능력, 태도, 타인과의 협력 등 다양한 환경 요소에 의해 만들어진다.

나는 2019년 논문 〈K대학병원 구성원의 밀레니얼세대와 기성세대 간 학습에 대한 자기주도성과 경력몰입의 관계〉에서 밀레니얼세대와 기성세대 간 학습에 대한 자기 주도성과 경력몰입의 관계를 연구 분석해 보았다.

간단히 결과만 살펴보면 밀레니얼세대의 학습에 대한 자기 주도성이 기성세대에 비해 매우 낮다는 것을 확인할 수 있었다. 자기 주도성의 요소는 타인과의 학습, 학습 동기 · 자기 효능감 · 자율성, 학습 열의 세 가지를 포함해 다루었는데 특히 그 중에서 학습 열의가 낮았다.

또렷한 목표를 가지고 꿈꾸던 회사에 들어간 구성원은 자기 주도성이 높은 경우가 많아 스스로 일처리를 해내고 늘 비전을 생각한다. 회사라는 조직이 나에게 이익을 주지 않거나 도움이 되지 않는다면 언제든 떠난다는 과감한 결정을 하기도 한다.

하지만 조직 내에서 자기 주도성이 부족한 구성원은 스스로 대처해 나가야 할 문제 앞에서 손을 뻗지 못하고 머뭇거리게 된다.

자기 주도성이 높다고 생각하는 상위 10%인 의대생들조차 부모가 학교까지 따라와 교수에게 성적 관리를 부탁하는 경우도 있었는데, 어렵게 전문의가 된 이후에는 환자 대하기를 두려워하며 결국 슬슬 피해 다니곤 한다고 했다.

부모 마케팅에 의해 성장한 탓에 조직 내에서도 누군가가 시킨 것만 하고, 더 이상의 발전과 미래에 대해 생각지 않으며 적당히 자리만 지키게 되는 것이다. 그러나 조직에서는 아무도 부모가 해준 역할을 대신 해주지 않는다.

결국 기성세대가 만들어온 매뉴얼 속에서 자란 우리 아이들은 중요한 자기 주도성을 잃어가고 있던 것인지도 모른다.

'요즘 애들이란'을 탓할 것이 아니라, 조직 내 상급자이자 한편으로는 부모이기도 한 기성세대가 스스로를 돌아볼 필요도 있다.

# 03

# 하나뿐인 자식
# 하나부터
# 열까지

○ ●● ◐　대학생 아들을 키우고 있는 B씨는 얼마 전에 백화점 주차장에서 우연히 친구를 만났다. 서로 동갑인 아들을 키우고 있어 자식 얘기로 자주 교류하곤 했는데, 서로 바빠 뜸하다가 오랜만에 마주친 것이다. 엄마 둘이 만나 이야기하다 보면 이런저런 수다를 떨다가도 화제는 자연스럽게 자식 이야기로 흘러간다.

B씨가 대학생이 된 아들이 기껏 어렵게 공부해 들어간 대학

에서 공부는커녕 아르바이트도 하지 않고 하루 종일 잠만 자거나 뒹굴려 속이 터진다고 투덜거렸더니, B씨의 친구 역시 격하게 공감한다는 듯이 고개를 끄덕였다.

B씨의 친구는 용돈 받아 놀기만 하는 아들을 보다 못해 결국 아파트 단지 내에서 과외 아르바이트 자리를 구해줬다고 한다. 죽이 되든 밥이 되든 스스로 하게 내버려두지, 왜 아르바이트까지 구해줬냐고 짐짓 타박했더니 다음 이어지는 말이 더 가관이었다.

"그랬더니 뭐라는 줄 알아? '엄마, 과외 아르바이트 괜찮은 것 같은데 하나만 더 구해줘' 하더라니까. 언제까지 내가 일일이 뒤꽁무니를 쫓아다녀야 하는지 모르겠어."

B씨는 그 이야기를 듣고 웃으면서도 마음이 편치 않았다. 그렇게라도 뒷바라지를 해주는 엄마 마음을 모를 리 없기 때문이다.

심지어 동갑내기 아들을 키우고 있는 다른 지인은 얼마 전 아들이 술을 먹고 새벽 2시에 데리러 오라고 불러서 출동했다며 한탄한 적도 있었다. 집에 안 들어올까봐 안 갈 수도 없고, 아들이 술 먹고 집에 올 때까지 대기하고 있다가 차로 태워오는 게 바람직하진 않다는 걸 알면서도 어쩔 수가 없다는 것이다.

애지중지 키우던 아이가 대학생이 되어도 많은 부모들이 대학교 과제까지 하나하나 챙겨줘야 할 것 같은 초조한 마음이 앞선다고 한다. 1학년 때부터 학점 관리하고 번듯한 직장에 취업하는 것까지 봐야 마음이 놓일 것 같은 그 불안감을 내려놓는 게 쉬운 일이 아닐 것이다. 하지만 지나친 사랑과 관심이 오히려 자식의 행동반경에 한계를 긋는 일인지도 모른다.

나는 주변의 부모들에게 수험생 때야 그렇다 치더라도, 대학생이 된 후에는 직접 용돈도 벌어보고 집안일도 스스로에게 맡겨보기를 권하곤 한다. 항상 부모가 하라는 대로만 하던 자식들이기에 물가에 내놓은 것처럼 불안한 마음이 들 수는 있지만 결국 목마른 자가 우물을 파기 마련이다. 아이들은 결국 스스로 아르바이트를 구하거나 미래에 대한 고민을 시작할 것이다.


아이들이 성인이 되어 독립적으로 살아야 하는 시기에 과감하게 그 첫 걸음을 내딛지 못하는 것은 사실 부모의 영향이 클 수밖에 없다.

우리가 어릴 때야 형제가 기본으로 대여섯 명씩 되었으니 부모가 일일이 챙기려고 해도 그럴 수가 없었다. 형제가 더 어린 형제를 키웠고, 부모들도 먹고 살기 바쁘다 보니 애들이 수업을 잘 따라가는지, 숙제는 꼬박꼬박 하는지, 어떤 친구들과 만나고 노는지 하나하나 살필 만한 여유가 없었다.

하지만 지금은 대가족이 해체되고 많아야 서너 명이 한 가족을 이루고 있다. 출산율은 꾸준히 감소하고 있으며 지금 이 순간에도 감소하는 추세다. 부모들은 더 이상 여러 명의 자식들이 알아서 크도록 내버려 두지 않고 많아야 두세 명인 자식들을 꼼꼼히 챙기기 시작했다.

아이들은 항상 부모로부터 관심과 칭찬을 받았고, 풍부한 물질적, 정신적 지원을 받을 수 있었다. 부모가 아이들의 삶을 일일이 설계하고 길을 터주는 경우가 많았고, 아이들도 부모가 시키는 대로 하는 걸 당연하게 생각했다. 그런 와중에 교육 경쟁이 치열해지며 아이들보다 부모들이 더 바빠졌다. 아이가 미래에 '안정적인' 삶을 살 수 있도록 하려면 끝없는 경쟁 속에서 살아남아야 했고, 그러려면 부모의 열정적인 뒷바라지가 필요했다.

IMF로 나라 경제가 최악에 이르고 있을 때에도 아이 용품만은 호가를 달렸다고 한다. 이렇게 어릴 때부터 부모가 모든 걸 다 챙겨주고 도와주는 버릇이 들다 보니 스무 살이 넘은 어엿한 성인이 되어도 부모에게 의존하는 것이 당연해졌다.

부모 세대에 비해 풍요로운 환경과 풍부한 관심 속에서 자란 밀레니얼세대는 자라면서 학교 공부 외에도 피아노와 발레, 태권도를 배웠고, 또 그것이 지루해질 때쯤에는 새로운 관심사를 찾곤 했다. 그래서 이들은 원하는 것이 있다면 미래의 풍요를 위해 참기보다 현재의 손에 넣어 누리는 것을 택한다.

밀레니얼세대는 베이비부머 세대에 비하면 부모를 봉양하기 위해, 또 형제를 위해 희생하거나 양보하는 경험이 극단적으로 적다. 그래서 그들은 회사에 들어가면 내가 받아야 할 마땅한 보상을 당연하게 챙기고, 미래를 위한 돈이 없어도 현재의 경제적 윤택함을 누리고 싶어 한다.

뉴스를 보면 정치인이나 유명 기업인들의 2세가 사회적인 논란을 일으키는 경우가 있다. 부모의 뒷배로 대학에 들어가거나 아무 노력 없이 경제적 부유함을 획득한 이들이 갑질을 하거나 거들먹거리는 행동이 문제가 되기도 한다.

그들 역시 부모가 주는 혜택을 자연스럽게 받아들이며 자라났고, 또 부모가 놓아준 길을 그대로 따라 걷다 보니 아무 거리낌 없이 세상이 제가 원하는 대로 돌아갈 거라고 믿게 된 것은 아닐까?

이렇게 부모와 밀착되어 자란 밀레니얼세대는 자존감이 높고 성취감을 중요하게 여기는 경향이 있지만, 반면 부모에 대한 의존도가 높다는 문제도 있다.

나 역시 첫 아이를 키울 때는 거의 내 존재와 동일시할 정도로 나의 분신을 대하듯 교육했던 것 같다. 첫 자식은 늘 첫 엄마가 만나기 마련이므로 시행착오가 많을 수밖에 없다고 생각한다.

하지만 아이들이 스스로 생각하고 판단하는 자기 주도성을 높이기 위해서는 결국 부모가 한 걸음 물러나서 아이가 울타리 밖으로 걸어가도록 지켜봐야 할 필요도 있다.

사회에서도 이렇게 첫 걸음을 내딛은 신입사원들을 맞이할 때 밀레니얼세대의 배경과 특성을 이해하는 것이 도움이 될 것이다. 이들은 단순히 명령하고 따르는 방식이 아니라, 자기 주도적으로 학습하고 성과를 낼 수 있도록 의욕을 고취시키는 방법으로 접근하는 것이 중요하다.

동기 부여를 강화하고 인정과 성취감을 느낄 수 있게 이끌어 준다면 처음에는 조심스레 걸음을 내딛던 이들이 어느새 달리고 비상할 수 있을 것이라 믿는다.

# 04

# 게임이
# 아니라
# 과제 중이에요

○ ◖◗ ◖◗   가끔 지하철을 타고 주변을 둘러보면 젊은 사람
들은 모두 귀에 이어폰을 끼고 고개를 숙인 채 스마트폰을 내려
다보고 있다. 거의 예외 없이 모두가 똑같이 손에 들고 있는 스마
트폰에 시선을 보내고 있는 모습이 여전히 조금은 생소하고, 새
삼 또 시대 변화를 체감하게 된다.

스마트폰이 막 등장했을 무렵, 스마트폰에 집중하는 젊은 세
대를 보고 걱정스러움과 불편함을 느꼈던 어른들이 많았다. 아

날로그가 사라진 시대에 더 이상 낭만이 없다며 혀를 차기도 했고, 스마트폰 중독에 대한 우려도 컸다. 실제로 지나친 스마트폰 사용이 불면증을 야기하거나, 대면 활동 부족으로 인한 우울증을 일으킨다는 연구 결과도 있다.

하지만 더 이상 '스마트폰 사용을 줄이자'는 잔소리는 큰 의미가 없을 듯하다. 2000년대 이후에 태어난 아이들 즉 Z세대는 스마트폰이 없던 시절을 아예 경험해보지 못한 세대다. 그들에게 인터넷과 디지털은 '변화'나 '새롭게 생긴 문제'가 아니라 '삶과 일상' 그 자체다. 사실 나도 스마트폰 사용을 줄여야겠다고 생각하면서도, 이제는 스마트폰 없는 삶을 더 이상 상상할 수 없을 것 같다.

〈살림남〉이라는 프로그램에서 딸과 둘이 살고 있는 김성수의 에피소드 중 이런 내용이 있었다. 중학생 딸이 친구와 함께 PC방에 간 것을 알게 된 아빠는 못마땅한 얼굴을 한다. '또 오락하러 갔어?' 이참에 혼내줘야겠다고 벼른 그는 주변에 잠복하고 있다가 딸이 PC방에 들어가자 바로 들어가 빼도 박도 못하게 현장을 덮쳤다.

"너 또 공부 안 하고 놀고 있지!"

의기양양하게 들이닥친 아빠를 딸은 어이없다는 얼굴로 쳐다본다.

"아빠, 나 지금 숙제하고 있잖아!"

당황한 아빠가 모니터를 들여다보니 정말 딸은 친구와 함께 숙제를 하는 중이었다. 옛 어른들은 PC방에 가면 무조건 오락을 하고 노는 것이라고 당연하게 생각했다. 그런데 요즘 애들은 노는 것도 공부하는 것도 숙제하는 것도 모두 컴퓨터를 이용한다는 걸 간과한 것이다. 시대가 그만큼 달라졌다는 걸 아직도 누가 말해주어야만 퍼뜩 깨닫게 될 때가 있다.

나도 한 번은 딸이랑 쇼핑몰에 갔다가 간단히 점심을 먹으려고 패스트푸드점에 들어간 적이 있다. 엄마가 사올 테니 딸에게 짐을 지키고 있으라고 당부하고 주문을 하러 갔는데, 무인 주문기인 키오스크를 이용하는 것이 생각보다 만만치 않았다.

"엄마, 뭘 엄청 많이 시키는 줄 알았더니 이게 다야?"

막상 주문을 해서 나온 메뉴는 세 개 정도가 전부였다. 햄버거 두 개와 감자튀김 하나. 딸 입장에서는 겨우 이걸 시키느라 키오스크 앞에서 온종일 꾸물거리고 있던 엄마가 답답했던 모양이다.

햄버거 주문하는 것도 이렇게 어려워지다니... 나름대로 또래에 비해서는 전자기기를 제법 잘 활용한다고 생각했던 나로서도 억울한 순간이었다.

어릴 때부터 자연스럽게 인터넷이 발달한 환경에서 자라온 밀레니얼세대는 기성세대의 적응력이 너무 느리다고 생각할지도 모른다. 기성세대는 아날로그에 익숙해 항상 직접 몸을 움직여 하나씩 해결했어야 했는데, 밀레니얼세대는 뭐든지 한 자리에 앉아 처리할 수 있게 되었다.

스마트폰으로 친구와 소통하고, 은행 업무를 해결하고, 쇼핑을 하고 뉴스를 보며 책을 읽는다. 자신의 취미와 일상을 자신 있게 드러내고 혼자 즐기면서 다른 사람들의 '좋아요'에 세상과 이어져 있다는 감각을 느낀다.

한번은 TV에서 유명 아이돌의 한 멤버가 집에서 생활하는 모습을 담은 관찰 예능을 봤는데, 정말 밀레니얼세대의 생활 방식을 고스란히 담고 있다는 생각이 들었다.

그는 거실 가운데에 있는 소파에서 열 시간이 넘게 거의 움직이지 않고 앉아 있었다. 그렇다고 멍하게 늘어져만 있는 것이 아니다. TV를 보고, 집 전등을 껐다 켜고, 게임을 하고, 밥을 주문하는 것까지 스마트폰 하나로 한 자리에서 모두 해결해 버렸다.

새로운 기능이 있어도 잘 활용하지 못하는 기성세대와 달리 밀레니얼세대는 말 그대로 디지털 네이티브다. 태어나면서부터 디지털을 생활 속에서 자연스럽게 활용해 왔다.

한 조사에 따르면 밀레니얼세대의 인터넷 이용 시간은 다른 세대에 비해 1.4배 이상 많다고 한다. 그들은 모든 정보 검색은 물론 인간관계까지도 인터넷을 통해서 맺는다. 사무실에 앉아 정해진 시간대로 일하지 않고 '인터넷'만 연결되면 어디에서든 일하는 디지털 노마드가 등장하기도 했다.

이러한 디지털 네이티브의 특징은 인터넷을 활용하는 데 익숙하다는 것만이 아니다. 이들은 모든 것을 능동적으로 자신의 편의를 위해 활용한다.

이제는 좋아하는 연예인을 보기 위해서 TV 앞에 앉아 관심 없는 광고까지 보며 기다리지 않는다. 딱 보고 싶은 장면만 편집한 영상을 인터넷으로 즉시 찾아보면 된다.

원하는 것을 원하는 만큼만 즐기는 통제권을 중요하게 생각하고, 자신이 원하는 것에 최단거리로 다가가는 것에 익숙하다. 또 정보 접근성이 좋고 그만큼 정보가 넘쳐나기도 하므로 다양한 경험 가치와 전문성을 중요하게 여기는 세대이기도 하다.

하지만 그 탓에 실질적인 체험이나 경험이 부족하다는 특징도 있다. 요즘에는 TV 프로그램 중에 무언가를 간접적으로 체험하는 과정을 담은 프로들이 인기인 듯하다.

〈집밥 백선생〉처럼 누군가 요리를 배우는 체험 과정을 흥미롭게 지켜보고 따라해 보기도 하고, 〈짠내투어〉에서 가성비 좋은 여행을 누가 대신 가보고 보여주는 것을 즐기기도 한다.

짜여 있는 대본보다는 다른 사람의 자연스러운 경험과 일상을 지켜보고 마치 내가 경험하는 것 같은 공감대를 느끼는 것이다.

인터넷의 빠른 발달과 함께 자란 밀레니얼세대가 경험하는 방식은 이렇게 달라졌다. 이미 늘 온라인에 접속해 있는 아이들에게 스마트폰을 빼앗는 것은 더 이상 훈육의 방식이 되기 어려울 듯하다.

일단 그들이 세상을 접하고 살아가는 데 기반이 되는 시스템이 달라졌다는 것을 이해하고, 디지털 네이티브의 발상과 가치관에 발 빠르게 대처하는 방향의 고민이 필요한 시점이다.

# 05

## BMW 타는
## 20대
## 인턴

○●● ◐    머릿속으로 엄마의 이미지를 떠올리면 어떤 그림이 먼저 그려지는가? 아침에 제일 먼저 일어나서 온 가족을 위해 밥 짓는 모습, 자신을 위해서는 좀처럼 쇼핑도 하지 않으면서 자식이 사 달라는 것은 돈을 아껴서라도 사주는 모습... 가족을 위해 헌신하는 모습이 자연스럽게 떠오른다.

소위 부유한 환경에서 자식 교육에 유난이라 알려진 일명 '강남 엄마'들도 정작 스스로를 위해서는 무엇도 할 줄 모르는 사람들이 많다.

내 지인 중에는 남편이 40대에 벌써 대기업 부장을 달고 있는데도 대기업은 수명이 짧아 불안하다며 늘 꼼꼼하게 살림을 챙기곤 하는 엄마가 있다. 연년생 딸 두 명을 키우고 있는데, 남편이나 아이들을 위해서는 꼭 브랜드 옷을 사고 비싼 먹거리를 챙기면서 본인은 속옷까지도 친정엄마에게 물려받아 입을 정도로 절약을 한다.

그 마음을 모르는 것은 아니다. 가족을 위해서라면 새벽같이 출근해서 전쟁터 한가운데 같은 회사 생활을 버텨내고, 내 시간과 삶으로 가족들이 좀 더 윤택한 일상을 보내도록 지원하는 것이 결국 부모의 마음이 아니겠는가.

하지만 한편으로는 자식의 삶만큼이나 부모 역시 나로서의 삶을 온전히 살아내는 것이 필요하다는 생각도 든다. 지인에게도 슬쩍 이런 조언을 건네 보기도 했다.

"그렇게 살다 보면 나중에 네 인생이 없어서 너무 후회하지 않겠어? 아이들은 더 좋은 거 먹을 날이 많으니 너 자신도 챙겨야지!"

나를 챙기는 법을 모르는 부모들은 그 욕구를 자식에 대한 대리만족으로 풀어내기도 한다. 어떤 사람은 쉰이 넘을 때까지 의사로 일을 했는데, 팔순이 넘으신 부모님이 여전히 아들을 너무나 자랑스러워하셨다고 한다. 아들의 삶은 곧 부모님의 삶이며 빛나는 자부심이었다.

그러다 부모님이 돌아가시고 나서 그는 돌연 병원 일을 그만두고 1년이 채 안 되어 일식집을 차렸다. 여태껏 부모님께 자식으로서 도리를 다한다는 생각에 차마 그러지 못했는데, 이제야 자신이 너무 하고 싶었던 일을 하게 되었다면서 말이다.

기성세대는 이렇게 자신의 욕구를 억누르거나 가족을 위해서 참고 희생하는 것을 당연한 일로 여기는 경우가 많았다. 그런데 요즘의 밀레니얼세대는 미래를 위해 현재를 투자하기보다 지금의 행복과 만족도에 더 큰 가치를 둔다. 그런 새로운 삶의 방식이 기성세대에게는 충격으로 다가오기도 하고, 때로는 '그러면 안 된다'는 강요 아닌 강요를 하기도 한다.

"요즘에는 회사에 막 입사한 인턴들도 BMW나 벤츠를 몰고 다니더라니까요."

그들이 다 금수저 집안에서 태어난 돈 많은 아이들일까? 아니다. 막 사회생활을 시작한 아이들이 금전적으로 풍족하지 않은 것이야 똑같지만 우선순위가 바뀐 것이다.

기성세대라면 돈을 벌기 시작하자마자 적금부터 들었겠지만 요즘 애들, 밀레니얼세대는 내가 갖고 싶은 것과 내 즐거움을 충족시킬 수 있는 것을 먼저 소비한다.

그렇게 젊은 인턴이나 신입사원이 명품을 들고 다니거나 비싼 외제차를 타는 것을 보고 혀를 차는 상사들도 있다. 하지만 따져 보면 이미 산 명품을 안 들고 다닐 이유도 없고, 차 가격대가 업무에 지장을 주는 것도 아니다. 요즘 것들 소비 패턴이 마음에 안 드는 상사나 그 눈길을 받아야 하는 인턴이나 서로 난감한 노릇이다.

사실 지금의 밀레니얼세대는 저성장 시대를 배경으로 하여 부모보다 가난하게 사는 첫 번째 세대라고 표현하기도 한다. 청년 실업률이 날이 갈수록 높아지고만 있고, 그들 스스로도 열심히 일하면 잘 먹고 잘 살 수 있으리라는 미래에 대한 큰 기대가 없는 것처럼 보인다.

하지만 그런 배경을 떠올리면 그들의 행동은 더더욱 의아하기만 하다.

조금 힘들다 싶으면 쉽게 회사를 그만두고, 적금을 들어도 모자랄 판에 돈이 모였다 싶으면 해외여행을 다니며 미래에 대한 계획이나 절실함도 없는 것처럼 보인다. 아껴서 저축을 하는 것보다 지금 당장 원하는 경험과 소비에 투자하려고 하며, 미래를 위해 대비하기보다 현재의 일상과 즐거움에 더욱 집중한다.

기성세대의 어른들이 보기엔 '왜 이렇게 불안하게 살까?' 싶어 내 마음이 다 초조해진다. 하지만 이런 밀레니얼세대의 성향을 이해하기 위해서는 기성세대의 관점으로 보는 것이 아니라 그들의 새로운 기준을 알아야 한다.

밀레니얼세대는 열심히 산다고 해서 나중에 꿈을 이루거나 부자가 되리라는 기대가 없는 한편, 대신 현재의 '나'에 초점을 맞추는 경향이 아주 강해졌다. 이들은 부모 세대와 달리 부족함 없이 먹고 산다고 해서, 좋은 명문대에 갔다고 해서 내 인생이 성공했다고 느끼지 않는다.

배를 채우기 위해서가 아니라 맛있고 예쁜 것을 먹거나 자랑하기 위해 비용을 지불하여 맛집에 가고, 단지 돈을 많이 주는 회사에서 일하는 것이 아니라 직장과 자신의 성장 관계나 여가 시간, 복지 등을 비교하여 가치를 매긴다.

어떤 신입사원은 구찌 신발을 사 신고 회사에 갔는데 부장이 '우리 딸이 그런 신발 사달라던데, 그런 건 얼마나 하나?'라고 물었다고 한다. 그런데 차마 백만 원이 넘는다는 말은 못하고 '이거 진짜 같죠? 가품이에요, 하하' 하고 얼버무렸다는 것이다. '네 월급이 얼만데 그런 비싼 걸 사느냐'는 소리를 들을까봐 말이다.

밀레니얼세대는 타인이 인정하는 삶의 방식이 아니라 내가 원하는 삶의 방식을 선택한다. 그런 맥락에서 미래를 위해 현재를 참고 버티는 것이 아니라 무엇에 쫓기지 않고 '워라밸'을 지킬 수 있는 삶이 가치 있다고 생각하는 이들이 많다.
그들에게 '기성세대처럼 살아야 한다'는 가르침 혹은 강요는 별 의미가 없다. '왜 돈을 모으지 않고 사치하느냐'고 훈계를 하려 들면 '그렇게 걱정되시면 연봉이나 올려 달라'는 대답이 돌아올지도 모른다.

# 06

# 이불 밖은
# 위험하다는
# 그들

○●● ◐ 　　예전에 한 모임에서 새롭게 만난 대학생 한 명이 자신을 '욜로 <sup>YOLO</sup> 족'이라고 소개하는 것을 처음 듣고 신선한 충격을 받은 적이 있다.

욜로는 'You Only Live Once'의 줄임말로, 한 번뿐인 인생에서 나 자신의 행복을 가장 우선순위로 두고 중시하는 삶의 자세를 뜻한다. 요즘의 청년들이 일명 '소확행'을 중요시한다는 것은 알았지만, 욜로족이라는 신조어는 그러한 가치관을 한마디로 강렬하게 드러내주는 듯했다.

기존에 우리가 알고 있는 '성공 신화'는 대부분 이런 식이다.

A기업의 B대표는 어릴 때 집이 가난하여 새벽 일찍부터 일어나 신문을 배달했다. 학교 급식을 먹을 돈도 없어 물로 배를 채우며 열심히 공부해 졸업했고, 아르바이트부터 시작해 몇 년 후 자그마한 사업체를 꾸렸다.

당시만 해도 환경이 열악하여 여름에는 땀을 뻘뻘 흘리고 겨울에는 옷을 몇 벌씩 겹쳐 입어야 할 정도였다. 그럼에도 그는 새벽에 일어나 출근하고 가장 늦게까지 남아 일을 했다. 10년을 하루처럼 열심히 일을 했고, 그 결과 지금의 성공적인 CEO가 되었다는 이야기다.

이렇게 가난을 극복하고 부와 명예를 누리며 일명 성공적인 삶을 획득하기 위해서는 무엇보다 성실하고 부지런하게 끊임없이 노력하는 것이 중요한 조건으로 꼽혔다. 그러기 위해서 휴가나 휴식은 사치일 뿐이었다.

지금도 오래된 맛집에 가면 '30년 동안 한 번도 안 쉬고 매일 영업했다'는 사장님들의 말을 종종 들을 수 있다. 늘 치열하게 살았다는 자부심은 인생을 가치 있고 의미 있게 만들어 주었다.

그런데 요즘의 밀레니얼세대는 일명 '무민세대'라고 불린다. '없을 무無'에 영어 'Mean'을 합친 말로, 의미 없는 것에서 가치를 찾는 세대라는 뜻이다.

대학에 진학할 때까지 치열한 경쟁 속에서 부모가 시키는 대로 쉴 새 없이 달려왔지만, 막상 졸업 후에는 내 노력에 대한 보상이 쥐어지는 대신 취업난 한가운데서 아픈 청춘을 겪어야 하는 청년 세대가 선택한 것은 가까운 곳에서 작더라도 온전한 행복을 손에 쥐는 것이다.

얼마 전 유행을 휩쓸고 지나간 아이템 중에 슬라임이라는 게 있었다. 슬라임은 물컹물컹한 촉감의 장난감인데, 특별히 그걸로 무엇을 할 수 있는 건 아니지만 그냥 손에 쥐고 주물럭거리는 것만으로 마음의 안정감을 느낀다는 사람들이 많았다. 나뿐만 아니라 많은 어른들이 '그게 뭐야?'라고 물어보고, '그걸 왜 가지고 놀아?' 하고 의아해했던 것으로 기억한다.

무민세대가 즐기는 것은 남들이 보기엔 의미 없어 보일지라도 내 마음에 만족감을 주는 '소확행'이다. 이들은 높은 곳을 바라보며 성공을 좇는 것을 인생의 목표로 삼지 않고 도리어 열심히 사는 것에 대한 회의감을 느끼고 있다. 잠을 줄이거나 아픈 몸을 이끌고 치열하게 버티는 삶보다 성공하지 않더라도 온전한 휴식이 있는 삶을 원한다. 내가 노력한다고 해서 올라갈 수 있는 계단에 한계가 있기 때문에, 애초에 상처받지 않기 위해 스스로를 위안하는 것일 수도 있다.

하지만 분명한 건 이전 세대에 비해서 분명 '휴식'에 대한 가치가 달라지고 있다는 것이다. 오늘의 휴식보다 미래의 안정을 위해 달리던 기성세대와 달리 밀레니얼세대는 알 수 없는 미래보다 당장 오늘의 휴식에 더 큰 가치를 둔다.

그렇다면 뭘 하고 쉬어야 소중한 여가 시간을 알차게 보낼 수 있을까? 놀랍게도 많은 밀레니얼세대가 '아무것도 하지 않는 것'을 택한다. '이불 밖은 위험해'라는 농담 섞인 슬로건을 들어본 적이 있을 것이다.

실제로 2030을 대상으로 한 한 설문조사 결과에 따르면 아무것도 하지 않고 집에서 쉬는 휴식을 경험해봤다는 응답자가 40%를 넘었다고 한다. 멍하게 누워 영화나 드라마를 보기도 하고, 마음의 안정을 주는 ASMR을 듣기도 하면서 머리를 텅 비우는 것이다. 그들은 이렇게 홀로 멍하니 휴식하는 시간도 가치 있다고 생각한다.

부모 세대는 여행을 가자고 하면 아침에 일어났을 때부터 자기 직전까지 관광해야 할 거리를 빼곡하게 계획한다. 한마디로 '본전 뽑을' 생각을 먼저 한다. 이왕 돈 들여 여행을 갔으니 최대한 알차게 보고 먹고 경험해야 한다는 것이다.

그런데 요즘 젊은 세대는 심지어 여행조차 계획 없이 떠나는 것을 선호하는 경우가 많은 것 같다. 관광보다는 내 몸이 편하고 내가 좋아하는 것을 즐기는 게 좋은 여행이라는 생각이다.

호텔과 바캉스의 합성어인 '호캉스'를 선호하는 문화도 마찬가지다. 예전엔 호텔을 그저 잠만 자는 곳이라고 생각했는데, 요즘엔 20대도 비싼 호텔에 가서 주변 관광을 하지 않고 단지 머물고 쉬는 휴가를 즐기곤 한다.

밀레니얼세대가 이토록 휴식을 중요시하는 것이 기성세대의 시선에서는 그저 게으른 것처럼 느껴질 수도 있다. 하지만 밀레니얼세대는 워라밸, 일과 나의 삶의 균형을 맞추기 위해서 노력하고 있다.

사회에서는 밀레니얼세대가 3포 세대에 이은 7포 세대라고 한다. 연애, 결혼, 출산에 이어 취업, 내 집 마련, 인간관계와 희망을 포기한 세대라는 것이다.

그럼에도 밀레니얼세대가 기존의 가치를 위해 바쁘고 치열해져야 할까? 이들은 기성세대의 방식대로 성공하거나 행복해지기 어려운 현실 속에서 자신들이 찾을 수 있는 행복을 누리고자 하고 있다. 게으른 것이 아니라, 달라진 세대 배경 속에서 새로운 가치관이 등장했다고 봐야 한다.

# 07

## 미래의 집 대신
## 오늘의 뮤지컬
## 티켓을 산다

○●● ◖◗　　얼마 전 막 대학을 졸업한 N씨는 6개월 동안 아르바이트를 해서 모아둔 돈으로 2주 동안 유럽 여행을 가기로 했다. 취업을 하고 나면 일주일 이상 긴 여행을 가기 어렵다는 선배들의 말을 듣고 나니 지금 중요한 것은 돈보다 시간을 잘 사용하는 것이라는 생각이 들었던 것이다. 물론 모은 돈을 다 털어 써야 하기 때문에 여행을 다녀오면 수중에 돈이 별로 남지 않겠지만, 그보다는 지금만 할 수 있는 경험이 더 소중하게 느껴졌다.

한편 직장인 L씨는 길을 걷다가 귀여운 문구류가 보이면 홀린 듯이 구매하곤 한다. 특히 회사에서 힘들고 우울한 일이 있는 날, 일부러 좋아하는 소품 숍이 있는 길 쪽으로 귀가하면서 엽서 세트나 마스킹 테이프라도 하나씩 꼭 사게 된다. 손에 들어온 귀여운 소품들을 보면 그것만으로도 훨씬 기분이 나아진다. 부모님은 어차피 먼지 쌓이고 짐만 되는 걸 왜 사느냐고 늘 구박하지만, 그는 소비의 즐거움은 '예쁜 쓰레기'를 사는 것에 있다고 토로하곤 한다.

기성세대의 소비와 밀레니얼세대의 소비 기준은 확실히 달라졌다. 최소한 일정 비용은 꾸준히 저축하면서 미래의 삶을 대비하고자 하던 기성세대와 달리 밀레니얼세대는 지금 내가 원하고 만족할 수 있는 것을 산다.

그래서 사회 초년생 월급으로 몇 백이 넘는 명품을 구매하기도 하고, 좋아하는 뮤지컬이라면 비싼 티켓을 두세 번씩 구매해 같은 공연을 보기도 한다. 스트레스를 해소하기 위한 지출인 일명 '홧김 비용'으로 택시를 타거나 게임기를 구매하고, 편의점에서 라면으로 끼니를 때우면서 10만 원이 넘는 음악 페스티벌 티켓을 사기도 하는 세대다.

집이나 결혼 자금을 마련하고 여윳돈으로 즐기는 것이 아니다. 취업도 어렵고 내 집 마련할 돈도 없어 결혼도 출산도 포기한다는 밀레니얼세대가 이처럼 문화생활을 즐기거나 꼭 필요하지 않은 물건을 비싸게 구매하는 걸 보며 기성세대는 너무 사치스럽다고 혀를 차기도 한다.

'저축은 좀 하고 있느냐'는 잔소리도 목 끝까지 올라온다. 가뜩이나 경제 성장도 좋지 않아 지금부터 한 푼 두 푼 모아도 부족할 판인데, 티끌은 모아봤자 티끌이라며 돈을 다 '탕진'하는 그들의 노후가 부모 세대가 보기에는 영 걱정스럽기만 하다.

하지만 사실상 1인 가구나 비혼이 많아진 밀레니얼세대는 과거와 달리 결혼 자금이나 내 집 마련을 위한 목돈을 모을 필요가 없어졌다. 열심히 일해도 내가 닿을 수 있는 경제적 풍요에는 한계가 있기 때문에 애초에 내 집 마련에 대한 열망이 뜨겁지 않다.

결혼한 지 3년 정도 된 30대 초반의 내 지인 한 명은 저축을 전혀 하지 않는다고 털어놓기도 했다. 이유를 물었더니, 물가 상승률을 생각하면 지금 저금하는 게 미래의 나에게 무슨 의미가 있는지 모르겠다는 것이었다. 차라리 지금 더 좋은 걸 사고 맛있는 걸 먹는 게 이득이라고 생각한다는 말에 내심 놀랐던 기억이 난다.

사실 밀레니얼세대는 스마트와 컨슈머의 합성어인 '스마슈머'라고 불릴 정도로 정보 검색에 익숙하다. 스마트폰으로 최저가를 검색하는 것도 어렵지 않다. 뭐든지 꼼꼼히 비교해보고 얼마든지 합리적인 소비를 할 수 있다.

그럼 앞으로의 시장에서는 오로지 가격 경쟁만이 의미가 있는 걸까? 물론 그렇지 않다. 밀레니얼세대는 이왕 살 거면 저렴한 것을 사는 게 아니라 살 만한 가치가 있는 것을 선택한다. 가성비와 다른 '가심비'를 추구하는 세대의 등장인 셈이다. 가격 대비 성능보다 가격 대비 내 마음의 만족도가 높으면 구매한다는 것이다.

더불어 밀레니얼세대는 자신의 취향이나 가치관을 드러낼 수 있는 소비를 추구한다. 조금 더 비싸더라도 윤리적인 소신을 드러낼 수 있는 소비를 지향하는 이들도 적지 않다. 비슷비슷한 물건들이 있다면 그중에서 얼마나 좋은 기업, 착한 기업이 만든 제품인지를 따지는 것이다.

예를 들어 사회적으로 다양한 기여 활동을 하고 있다고 알려진 '오뚜기'는 '갓뚜기'라는 별명까지 얻으며 점차 국내 시장의 라면 점유율이 올라가고 있다. 점유율이 2014년에는 18.3%에서 2017년에는 25.6%까지 증가했다고 한다. 11년째 라면 가격을 인상하지 않고 있으며 전체 직원의 98%가 넘는 비율을 정규직으로 채용하고 있고, 또 매월 20여 명의 선천적 심장병 아이들에게 수술비를 지원하는 등 사회에 긍정적인 영향을 환원한다는 이미지 덕분이다. 이처럼 밀레니얼세대는 제품 자체만 보는 것이 아니라 해당 기업의 준법 의식이나 사회에의 선순환 기능을 소비의 기준으로 삼기도 한다.

또한 서울 마포구에 위치한 한 파스타 가게는 SNS를 통해 한 캠페인이 알려지면서 손님이 줄을 설 정도가 되었다. 미슐랭 가이드에 소개된 것도 아니고, 특별히 엄청난 레시피가 있어서도 아니다. 바로 끼니 해결이 어려운 미취학 어린이와 청소년을 위해 무료 식사를 제공하기로 결정했기 때문이다.

결식아동에게는 한 끼에 5,000원이 지원되는 꿈나무 카드가 제공되지만 이 가게의 대표는 5,000원으로 제대로 된 식사를 하기 어려울 것 같다는 판단에 가맹점 등록을 하지 않고 무료 식사를 제공하게 되었다고 한다. 쉽지 않았을 결정이지만 이에 많은 응원의 물결이 이어졌고 실제로 '이왕이면 착한 소비'를 하기 위해 방문하는 손님들도 늘고 있다.

새로운 세대의 등장과 기존 세대와의 갈등은 언제나 있어 왔지만, 밀레니얼세대의 등장만큼 사회 전반의 흐름을 바꾸어놓은 세대는 없었던 것 같다. 이들은 단순히 패션 유행을 바꾸거나 신조어를 만드는 것뿐만 아니라, 전혀 새로운 가치관과 기준을 제시하여 기존의 사회 문화적 공식 자체가 변화해 나가게끔 이끌고 있다.

밀레니얼세대를 1980년대에서 2000년대에 태어난 집단으로 정의했을 때 전 세계적으로 그들의 수는 약 25억 명으로 추산하는데, 전 세계 인구의 1/3이 넘는 수치다.

현재 가장 왕성하게 경제 활동을 하고 있는 세대이며, 앞으로 전성기를 맞이하고 세상을 이끌어가게 될 세대이기도 하다. 결국 이들이 앞으로 생산과 소비 활동의 주축이 된다는 것은 분명한 셈이다.

밀레니얼세대는 누구보다 나 자신의 만족을 위해 소비 활동을 하고, 또 기업이 추구하는 가치가 나의 윤리관과 부합하는지를 살핀다. 사실 기성세대의 기준에서 밀레니얼세대의 행동은 뭔가 다르고 이상하게까지 느껴지기도 한다.

하지만 밀레니얼세대를 이해할 수 없어도 우리는 그들과 함께 일해야 하고 그 세상의 흐름을 우리의 조직 목표에 반영해 나가야 한다. 주된 소비층으로 부상한 이들을 이해하는 것이 앞으로 우리의 새로운 성공 공식을 성립하고 세상이 흘러가는 방식을 이해하는 방법이기도 하다.

각 기업들은 조직 내에 들어오는 밀레니얼세대를 이끌어야 할 뿐만 아니라, 새로운 주 소비층이 된 밀레니얼세대의 니즈를 사로잡아야 하는 것이다.

한편으로는 설레는 마음으로 변화를 받아들일 수도 있지 않을까? 어쩌면 그들을 위한 조직 문화가 결국 현재의 행복을 놓치고 살던 기성세대에게도 새로운 방향을 제시할지도 모른다.

# 밀레니얼세대와
# 기성세대란 무엇인가

○ ◐● ◖○

세대라는 개념은 다양한 의미로 사용되어 왔고, 세대라는 용어 역시 일상뿐 아니라 학문적으로도 다양하게 쓰이고 있다. 세대의 어원을 추적한 나쉬에 따르면, 세대는 새로운 존재의 출현이라는 의미를 가진 희랍어 'Enos'에서 유래했다고 한다. 이는 아이의 탄생이나 생애단계로의 도달 등 다양한 의미로 사용되어 왔다.

세대론의 권위자인 데이비드 커쳐 교수는 세대란 개념을 크게 네 가지의 개념으로 분류하고 있다.

첫째, 가족 계보에서 조부모, 부모, 자녀로 종속되는 사람들. 둘째, 비슷한 시기에 태어난 집단. 셋째, 인간의 생애 주기에서 같은 단계에 있는 집단. 넷째, 특정 전쟁 전과 후의 세대와 같이 특정한 역사 시기를 같이 살았던 사람들로 구분하고 있다.

이중에서 앞서 언급했듯이 일반적으로 세대에 대한 연구는 '비슷한 시기에 태어난 집단'이라는 개념을 차용한다. 이를 우리나라 세대 구분에 적용하면 일반적으로 세 단계로 나뉜다.

6.25 전쟁 후 출생한 베이비부머 세대, 1970년대 전후에 출생한 X세대 그리고 1980년대 이후에 출생한 밀레니얼세대다. 이들은 특정 시기를 함께 겪으며 비슷한 성장 배경과 경험을 공유했고, 공통의 사회적, 역사적 정체성과 의식을 향유하고 있다.

이중 베이비부머 세대와 X세대를 보통 기성세대라고 칭한다. 구체적으로 살펴보자면 우리나라는 1955년부터 1963년까지의 한국전쟁 이후에 인구가 급격히 증가했다. 전쟁 후 결혼과 출산이 한꺼번에 이루어졌기 때문으로, 베이비부머 세대는 바로 이 시기를 배경으로 하고 있다.

삼성경제연구소에 따르면 베이비부머 세대는 사회적 역할, 세대 관계, 건강 인식, 미래 전망, 퇴직 후 거주, 문화적 특성의 항목에서 이전이나 이후 세대와 구별되는 특징들을 지녔다고 한다.

베이비부머 세대는 우리 사회의 성장 동력이었고 책임감을 바탕으로 직장과 가정에 충실해왔다. 한때 경제 개발의 주역이었고 그에 따른 혜택을 누리기도 했으나 IMF를 겪고 나이가 들면서 점차 주변인이 되어갔다. 또한 부모와 자녀 세대를 이중으로 부양해야 하는 경제적 책임을 지니고 있는 세대이기도 하다.

이후 1970년대부터 1980년대까지의 시기에 출생한 X세대가 탄생했다. 이들은 80년대 호황기에 청년기를 보냈지만 1997년의 외환위기를 겪는 등 경제 양극화를 목격한 세대다. 인터넷을 통한 쌍방향 커뮤니케이션보다 미디어에 의해 일방적으로 지식을 전달받은 한편, 컴퓨터나 인터넷을 사용하는 세대 중 가장 나이가 많은 연령층이기도 하다.

우리가 흔히 알고 있는 밀레니얼세대는 1980년대에서 2000년대까지 출생한 이들로 Y세대라고도 부른다. X세대의 다음 세대라서 알파벳 Y가 붙었다. Y세대는 최초의 디지털 네이티브로

'YOLO'가 주된 키워드다. 당장의 행복을 위해서 지갑을 열며, 회사와 별개로 개인의 여가 시간을 보장받고자 하는 성향이 강해 '워라밸 세대'라고 부르기도 한다.

그리고 밀레니얼세대 이후 1995년부터 2010년 사이에 출생한 세대를 Z세대라고 분류한다. 20세기 마지막에 출생한 세대가 포함되어 있어 가장 마지막의 알파벳이 붙은 것으로 본다.

밀레니얼세대가 그래도 아날로그를 경험해본 세대라면 Z세대는 태어날 때부터 디지털만을 경험했고, 개인당 최소 5개 이상의 디지털 기기를 자유롭게 이용하는 게 자연스러울 정도다. 검색할 것이 있다면 글과 사진을 찾기보다 바로 유튜브에서 동영상을 찾아보는 세대이기도 하다.

이처럼 각 세대별로 사회적 배경이나 당시의 문화가 다르고 시간이 지날수록 그 변화의 폭도 커지다 보니 세대 간 갈등이 발생하는 것은 당연한 일일 것이다. 더구나 한 조직 내에서 함께 일을 해나간다면 그 과정에서 각자가 효율적이라 생각하는 업무 방식에도 차이가 날 수밖에 없다. 다만 분명한 것은 기성세대가 고집해온 방식으로는 밀레니얼세대의 역량을 이끌어내기 어렵다는 점이다. 또한 앞으로의 시대 변화 속에서는 디지털 기술을 능숙하게 활용하는 밀레니얼세대의 장점을 얼마나 잘 이끌어 내느냐 하는 것도 중요한 포인트가 될 것이다.

개인과 개인의 인간관계에서 소통하려는 노력을 기울이는 한편, 서로 다른 세대 특성 역시도 이해해야 한다. 서로 벽을 세우고 배척하기에 앞서 서로에 대해 알고자 노력한다면 앞으로 다가올 시대 변화와 새로운 세대의 등장 역시 현명하게 받아들일 수 있을 것이다.

# PART 02

우리가 왜 친해져야 하나요

할 말이 없는 건지 할 수가 없는 건지

개인주의가 모여 집단을 이루었을 때

카톡으로 회의하면 안 될까요

회식도 업무라면 야근수당을 주세요

직설적이고 빠른 피드백을 원하는 세대

퇴사 이후의 계획 없는 퇴사

+ 기성세대가 만든 성공 방정식은 달라졌다

부장님 농담

어디에서

웃어야 하죠

# 08

# 우리가
# 왜 친해져야
# 하나요

○●●◐　오늘 우리 팀에 새로운 신입사원이 들어왔다고 생각해보자. 점심시간에 식당에서 음식을 시켜놓고 메뉴가 나오길 기다리면서 잠깐 동안 어색한 침묵이 흐를지도 모른다. 직장 동료로서, 또 상사로서 당신은 그에게 어떤 말을 던질 것인가?

"부모님은 무슨 일 하시나?"

설마 이 정도로 시대착오적인 질문을 하지는 않을 것이다.

"남자친구는 있고?"

그렇다면 이런 질문을 던지고 '편하게 얘기해 봐, 우리 어서 친해지자고'라는 뜻의 친절한 미소를 지을 것인가?

아마 애써 입꼬리를 올리고 있는 그 신입사원은 테이블 아래에서 손가락을 꼬물거리며 친구에게 '망했다'고 스마트폰 메시지를 보내고 있을지도 모른다.

우리는 초면의 상대방과 조금 더 빨리 친해지기 위해서, 나의 호의적인 태도를 드러내기 위해서 사적인 질문을 던지는 방법을 사용할 때가 많다. 초면이라 해도, 아니 초면일수록 물어볼 것이 무궁무진하다.

나이는 몇인지, 애인은 있는지, 결혼은 했는지, 아이는 몇 명인지, 어느 동네에 살고 그쪽 집값은 얼마인지까지 캐물은 다음엔 우리가 그만큼 서로에 대해 잘 알게 되었다고 생각한다.

그리고 바로 이 시도가 기성세대와 밀레니얼세대 사이의 깊은 간극을 만들곤 한다.

"김 대리, 주말에 데이트 했어?"

"SNS 보니까 어제 밤늦게까지 술 먹은 것 같던데, 그래서 오늘 피곤해 보이나 봐?"


기성세대의 입장에서는 일단 친해져야 업무에 대해서도 활발하게 소통할 수 있지 않겠느냐고 생각한다. 그래서 그저 사적으로 조금 더 친해지고자 별 뜻 없이 묻는 것이지만, 좋은 의도라고 해도 받아들이는 사람이 불편하다면 얘기가 달라진다.

대부분의 밀레니얼세대는 직장 상사와 자신의 사적인 TMI Too Much Information 를 나누고 싶어 하지 않는다. 애초에 친해지는 것과 일을 하는 것은 별개의 영역이라고 여긴다.


특히나 아랫사람 입장에서 자신의 사적인 이야기를 꺼내는 것이 약점으로 작용할 수 있다는 불안감도 적지 않다. '그렇게 늦게까지 술을 먹으니 피곤하지'라고 조언까지 한다면, 이미 그 직원은 속으로 비공개 SNS 계정을 만들겠다고 결심하고 있을 가능성이 높다.

사적인 질문과 그에 대한 코멘트는 때로 일종의 권력이 된다. 아랫사람이 윗사람에게 사적인 질문을 하고, 그에 대해 자신의 조언을 건네기 어렵다는 것을 떠올리면 알 수 있다.

처음에는 '애인 있어?'라고 물었다가 나중에는 '그러니까 애인이 없지'로 아무렇지 않게 발언하는 상사들이 많다는 이야기다.

우리나라는 가뜩이나 서로의 사적인 영역에 오지랖을 부리는 문화가 뿌리 깊은데, '왜 결혼을 안 하느냐?' '아기를 안 낳으면 어쩌려고 그러느냐?' 같은 질문이 더더욱 불편하게 다가올 수밖에 없다. 업무와 관련 없는 나의 사적인 정보가 나의 인성이나 업무 능력에 대한 평가 재료가 되기 때문이다.

기성세대가 밀레니얼세대 신입사원을 편하게 해주려고 하거나, 친하게 지내려고 하는 기존의 방식은 더 이상 그들에게 '애정'이나 '교훈'으로 받아들여지지 않는다.

'저녁 뭐 시켜 줄까?' 묻는 상사에게 '퇴근시켜 주세요'라고 대답하는 세대다. '친해지고 싶어서' 집안 사정을 꼬치꼬치 묻거나 연애사와 결혼 계획을 묻는 상사는 불쾌감을 줄 뿐이다.

그러나 상대방이 질문에 떨떠름하게 답하거나 대답하고 싶지 않은 기색 때문에 호의적인 마음으로 다가가려던 기성세대는 도리어 상처를 받기도 한다. 그들 딴에는 나름대로 말도 걸고 친근 감을 표현하려 노력하는데 상대방이 너무 시큰둥하게 반응한다 고 생각하는 것이다. 서로 악의가 있는 것이 아닌데도 기본적인 방식이 다르다는 것을 모르는 채로 소통하려 하다 보니 일어나는 일이다.

그럼 앞으로는 직장에서 늘 공적으로 딱딱한 태도를 유지해 야 하는 시대가 도래한 걸까? 물론 직장 내에서 아예 사적인 대 화를 배제하는 것이 해답은 아니다.

요점은 상사와 부하직원이 권력을 기반으로 한 서열 관계에 서 벗어났을 때, 인간적으로 호감과 애정이 있을 때 이러한 대화 가 가능하다는 것이다. 사적인 대화로 친밀해지는 것이 아니라 친밀한 사람과 사적인 대화를 나누는 관계의 방식 차이라고 생각 한다.

대화뿐 아니라 단순히 인사를 주고받는 것도 마찬가지다. 잘 모르는 직장 상사에게 인사를 하지 않았다는 이유로 업무에서의 부정적인 평가가 따라오는 것에 대해 불만을 토로하는 신입사원 들이 있다. 기성세대의 입장에서는 '모르는 상사에게도 무조건 인사하는 게 사회생활의 기본'이라고 하지만, 사실 인사는 서로의 관계 맺음을 전제로 한다.

각자 자신을 소개하고 서로에 대해 어느 정도 알고 있는 사이일 때 편하게 인사할 수 있고, 최소한 상대가 누군지라도 알고 있어야 인사가 서먹하지 않다.

오히려 후배에게 먼저 다가가서 자신을 소개하고 인사를 건네 보는 건 어떨까? 아랫사람이 내게 표면적인 친근감을 표하길 먼저 요구하기보다 진정한 소통에 한 걸음 다가가고자 하는 것이 중요하다.


서로 이해하고 상처받지 않기 위해서는 기성세대와 밀레니얼세대가 함께 노력해야만 한다. 젊은 세대가 쓰는 신조어를 외우고 사용하는 것보다 중요한 건 우리가 다르다는 것을 인정하는 것이다.

밀레니얼세대의 기준에 모든 것을 맞춰야 한다는 게 아니라, 서로의 특성을 있는 그대로 이해할 수 있어야 한다. 내가 지금까지 발 담그고 있던 조직 문화를 인정받고 싶다면, 그들의 방식 역시도 존중해야 하는 것이다.

또한 사적인 대화로 친근감을 나누고 싶다면 무엇보다 기성 세대가 권력을 지니고 질문하지 않기 위해 의식할 필요가 있다. 상대방을 수평적인 위치에서 생각하고 그 사람의 기분을 배려하여 말한다는 '기본'을 지킬 때 비로소 대화가 시작된다.

# 09

## 할 말이
## 없는 건지
## 할 수가 없는 건지

○●● ◐ 　조직의 관리자급을 맡고 있는 기성세대의 입장에서도 새로 밀려들어오는 밀레니얼세대를 도대체 어떻게 대해야 할지 모르겠다며 어려움을 호소하는 이들이 많다.

사적인 대화나 술자리를 거부하는 것도 기존에 없던 낯선 반응인데, 그렇다고 업무적인 소통은 활발하게 이루어지느냐 하면 그렇지도 않다는 것이다. 업무에 열중하고 성과를 내려고 노력하기는커녕 언제쯤 이직을 할지, 또 언제 퇴사를 할지만 생각하는 듯하니 상사들이 보기에는 답답할 노릇이다.

하지만 한편으로 신입사원들 사이에서는 사회생활을 잘 하려면 '넵무새'가 되어야 한다는 자조적인 우스갯소리가 통용되고 있다. 회사 생활을 하면서 '넵'이나 '감사합니다' 말고는 쓸 필요가 없다는 것이다.

궁금한 것이 있어도 물어보지 않고, 좋은 아이디어가 떠올라도 의견을 말하지 않는다. 어차피 의견을 말해봤자 답은 정해져 있기 때문에 반영되지 않을 것이고, 소통하려는 노력은 기성세대의 굳건한 고정관념 앞에서 좌절될 뿐이라고 여기기 때문이다. 혹은 내가 답변한 내용에 대해 책임져야 할지도 모르기 때문에 필요 이상의 적극성을 보이지 않는 경우도 있다.

언뜻 결과적으로 봤을 땐 밀레니얼세대가 성과를 내려 노력하지 않고 무기력하다고 생각할 수도 있지만, 좀처럼 새로운 의견이나 아이디어를 받아들이지 못하는 기성세대에게도 책임은 있다.

간단히 말해 부모와 자식 간의 대화를 떠올려 보면 문제를 금방 이해할 수 있을 것이다. 부모의 눈에는 독립한 자식도 언제까지고 어린아이인 것만 같다. 돈은 얼마나 모았니? 결혼은 안 할 거니? 심지어 우리 엄마는 아직까지 내 립스틱 색깔을 골라주려고 할 때도 있다.

생각을 듣고 존중하기보다 강요할 때가 많다 보니 부모와 자식 간에 대화는 점점 짧아지거나 단절되기만 한다. 서로의 다른 가치관을 털어놓고 교류하기보다는 '말해도 어차피 몰라' 하고 돌아서 버릴 때가 더 많은 것이다.

강의를 다니며 차세대 CEO 2세들을 만나보면 경제적으로 남부러울 것 없는 집에서 자랐으면서도 아버지와 사이가 안 좋은 경우가 많다. 아버지 세대는 지금의 사회적 지위나 부가 자신의 노력으로 이루어낸 것이라고 여기기 때문에 자식들이 만들어내려는 변화를 지나치게 염려하곤 한다. 좀처럼 변화를 받아들이려 하지 않기 때문에 자녀들은 제 힘으로 무언가를 시도해 보기도 전에 포기해 버린다.

부모 자식 간에도 이상적인 소통이 어려운데, 조직에서 서로의 가치관 차이를 이해하는 것이 어려운 것은 당연한 일이다. 조직에서도 마찬가지로 기성세대가 신입사원의 의견을 '뭘 몰라서 하는 소리'로 취급하거나 '원래 회사라는 게 다 그래' 하면서 의견을 묵살하기 쉽다.

변화에 거부감을 지닌 기성세대는 밀레니얼세대의 창의력과 아이디어를 요구하면서도 막상 새로운 것을 받아들여주지는 않는 경우가 많다. 그 탓에 실제로도 토 달지 않고 '넵' 하고 대답하는 직원이 결국은 상사들에게 좋은 평가를 받는다.

밀레니얼세대는 이러한 폐쇄적인 소통 문화에 대부분 반감을 가지고 있다. 막상 기회가 주어진다면 잘할 수 있다는 자신감은 있지만 지금의 수직적인 조직 문화에 맞추어 역량을 발휘하기는 어렵다고 생각한다.

기성세대에게 '요즘 애들'에 대한 답답함이 있다면, 반대로 밀레니얼세대 역시 기성세대에 대한 일종의 체념을 지니고 있는 셈이다. 그렇다면 이들과 소통하고 즐겁게 일하기 위해서는 어떤 대안이 필요한 걸까?

일단 자유롭게 의견을 내는 것에 대한 정서적 압박감을 없애고 이야기를 잘 들어주고 인정할 수 있는 부분을 찾는 것이 중요하다. 밀레니얼세대가 적극적으로 의견을 내지 않고 이직만 꿈꾼다는 이미지 때문에 그들이 일하는 걸 좋아하지 않는다고 여길 수도 있지만, 그들은 '시키는 대로 일하는 것'에서 성장 동력을 찾지 못할 뿐이다.

또한 이해할 수 없는 지시를 따르거나 왜 하는지도 모르는 일을 단지 상사가 시킨다는 이유로 하는 것이 싫은 것이다. 그들은 '빈티지하면서도 모던하게 해 주세요' 같은 모호한 표현을 좋아하지 않고, 이렇게 불명확한 지시를 내리는 상사에게 실망하기도 한다.

의견을 나누는 방식도 다르다. 밀레니얼세대는 사무적인 절차나 불필요한 보고서 등을 답답하게 느끼는 경우가 많다. 또한 자신이 하는 일이 무슨 결과를 가져오는지 모르거나 가치 없다고 느껴질 때, 개인의 성장이나 회사의 비전에 아무런 도움이 안 된다고 느껴질 때 밀레니얼세대는 입을 다물고 만다.

밀레니얼세대와 활발하게 소통하고 즐겁게 일하기 위해서는 그들이 하는 일의 가치에 대해 알려주는 리더의 역할이 그만큼 중요하다는 뜻이다. 일의 맥락과 의미를 설명하고, 그들 개인이 꿈꾸는 미래와 연결할 수 있도록 충분한 대화를 나눈다면 밀레니얼세대의 일에 대한 몰입도는 훨씬 더 높아질 수 있다.

송금 서비스 '토스'에서는 조직을 이끄는 데 있어서 구성원들의 '동기 부여'를 핵심 요소라고 밝힌 바 있다. 우리가 왜 이 일을 해야 하며, 왜 이 일이 중요한지를 충분히 설명하고 공감하게 되면 저절로 일이 원활히 이루어질 수밖에 없다는 것이다.

그러기 위해서 주요 정보를 임원급에서만 공유하고 단순 지시를 내리는 것이 아니라, 대부분의 정보를 직원 전체와 투명하게 공유한다. 회사의 매출부터 목표 달성 현황을 공유하면 구성원들은 자연스럽게 자신의 목표를 설정하고 행동하게 된다.

또한 패션 브랜드 '구찌'에서도 밀레니얼세대의 의견을 귀 기울여 듣고 업무 결정권을 주는 방향으로 방침을 바꾼 바 있었다. 구찌에서는 같은 사안에 대하여 임원진과 밀레니얼세대가 각자 회의를 한 뒤, 결과가 다르게 나오면 밀레니얼세대의 판단을 적극 수용했다고 한다.

기성세대가 멘토가 되어 신입사원을 가르치지 않고, 반대로 젊은 사원들이 멘토가 되어 연륜 있는 직원들을 멘토링했다. 이런 과감한 결정은 중년의 이미지가 되어가던 구찌가 젊은 소비자들을 중심으로 재부상하는 데에 큰 역할을 했다.

밀레니얼세대는 아직 충분한 경력이 쌓이지 않았을 때에도 회사에서 자신이 가치 있는 역할을 한다고 인정받고 싶어 한다. 이때 그들을 단지 조직의 톱니바퀴로 취급하지 않고 개개인이 잘할 수 있는 일을 이끌어주는 기성세대의 역할이 중요하다.

밀레니얼세대의 의욕과 노력을 이끌어내기 위해서는 스스로 생각하고 결정할 수 있는 충분한 정보를 제공하고, 업무에 대한 결정권을 일부라도 부여하는 것이 좋다.

자신의 의견이 실제로 회사의 결정에 반영되고 직급과 관계없이 내 능력에 맞는 인정과 보상을 받을 수 있다면, 자연스럽게 일에 애정을 지니고 적극 임하는 모습을 볼 수 있을 것이다.

# 10

# 개인주의가
# 모여 집단을
# 이루었을 때

○ ●● ◎　　요즘 신혼부부는 집안에 함께 쓰는 용도별 방이 아니라 '나만의 공간'을 꾸미는 경우가 늘어나고 있다고 한다. 남편의 취미를 위한 게임방을 만들거나 아내의 서재나 작업실을 따로 만들기도 하는 식이다. 부부가 함께 거실, 안방, 드레스룸 등을 나누어 방을 공용으로 사용하는 것이 당연했던 예전과 달리, 요즘엔 결혼하여 함께 살면서도 '각자의 공간'을 원한다는 것이다.

아마 혼자만의 온전한 휴식이 주는 만족감을 잘 알기 때문에, 또 더 이상 혼자의 시간을 어색하지 않게 여기고 만끽할 줄 아는 세대이기 때문이 아닐까 한다.

점차 가족의 형태가 달라지고 1인 가구도 늘어나고 있는 추세다. '혼자 살면 너무 외롭지 않아?' 같은 질문은 이제 낡은 것이 되어 버렸다. 밀레니얼세대는 혼자서도 괜찮다고, 오히려 혼자가 좋다고, 누군가와 함께 살기 위한 결혼은 선택에 불과하다고 당당하게 말한다.

'혼밥'이나 '혼술'은 트렌드가 되었다. 한 조사에서는 여가시간을 굳이 가족이나 친구, 애인과 보내지 않고 혼자서 보내는 것을 선호하는 비율이 50%를 넘었을 정도라고 한다.

이렇게 무엇을 혼자 하는 것이 익숙한 밀레니얼세대이다 보니 공동체 개념 역시 기존에 비해 많이 달라졌다. 기성세대가 가족이나 평생직장인 회사처럼 결속력 깊은 집단에 속하는 게 당연했다면 요즘은 경제적인 공동체가 아니라 취향 공동체를 공유한다.

아마 '고독한 채팅방'이 유행한다는 이야기를 들어봤을 것이다. 이름도, 나이도, 직업도 모르는 사람들이 하나의 오픈 채팅방에 모여 오로지 사진만을 올린다. 관심 있는 하나의 주제와 관련된 사진을 서로에게 공유하고 나머지는 감상하는 것, 그게 전부다. '안녕하세요'나 '다들 오늘 뭐하셨어요?' 따위의 말을 걸면 바로 퇴장 당한다.

요즘 세대는 이처럼 별다른 대화 없이 취향과 취미만을 공유하는 관계에도 만족감을 느낀다. 굳이 서로에 대한 의무감을 전제로 한 공동체를 이루는 것보다는 자유롭고 수평적이며 자신의 선택이 자유롭게 보장되는 가벼운 공동체를 선호하는 것이다.

자전거 동아리나 글쓰기 모임은 남녀노소 불문하고 나와 같은 취향을 가진 사람들 사이에 언제든 속했다가 또 언제든 나올 수 있다. 아무런 대화 없이 고양이 사진이나 연예인 사진만 올려서 감상하는 것은 편하고 가볍다.

혼자 여행이 유행하는 것도, 누군가와 의견을 나누고 조율해나가는 것보다 스스로의 결정을 최우선으로 판단하는 것을 편하고 익숙하게 여기기 때문이다.

이렇듯 밀레니얼세대는 개인주의적이라는 특성이 있다. 이는 하나의 조직을 위해 개인이 모이는 것이 아니라, 독립된 개개인의 다양성을 존중하고 특성을 인정한다는 개념이다.

기성세대는 이들을 이기적이라고 보기도 하지만 개인주의가 개인의 이익을 취하기 위해 다른 사람과 협업하지 않겠다는 뜻은 아니다. 오히려 개인들이 모여 공정한 규칙 내에서 공동체를 이루고, 타인과 필요에 의해 연대하여 문제를 해결하겠다는 것이다.

밀레니얼세대와 함께 일하고 있다면 이미 내가 속한 조직의 구성원들은 개인주의적인 가치관으로 바뀌어 있다고 생각해야 한다. 그렇다면 이들과는 어떻게 공동체 생활을 해나가야 하는 것일까?

이들은 예전처럼 회사를 나와 동일시하거나 회사를 위해서 나를 희생해야 한다고 생각하지 않는다. 내 일이 끝났어도 퇴근하지 말고 윗사람이 일을 마칠 때까지 기다리며 도와드릴 게 없는지 물어야 한다든가, 주말에도 출근해 회사의 부흥을 위해 애쓰자라는 요구도 받아들여지지 않는다.

회사를 위해 내가 있는 것이 아니라 회사가 개개인의 성장을 도우며 함께 발전해 나가는 것을 원한다. 조직도 발전해야 하지만 개인의 성장과 성취 역시 중요하다고 여기는 것이다. 밀레니얼세대는 회사가 얼마나 성장하느냐보다 개인이 느끼는 일의 만족도가 얼마나 큰지, 내가 이 일에 얼마나 애정과 의욕을 가지고 있는지를 중요하게 생각한다.

이에 따라 불필요한 보고서를 작성하거나 거추장스러운 의례적 절차를 지키고 따르는 것보다는 수평적인 관계에서 개인의 의견을 공유하고 결론을 도출해 나가는 과정이 중요해졌다. 개인의 목소리를 들어주지 않는 수직적인 서열 문화에서는 역량을 발휘하기 어려울 뿐만 아니라 오히려 거부감을 느낄 가능성이 높다.

이전에는 직장에서 무슨 지시가 내려왔을 때 이 일을 '왜' 해야 하는지 묻지 않았다. 하지만 밀레니얼세대는 가치 있는 일에 기여하고 인정받길 원하기 때문에 그 일이 왜 중요한지 납득해야 일에 몰입할 수 있다.

밀레니얼세대는 SNS에 능통하고 쌍방의 수평적인 커뮤니케이션에 익숙하기 때문에 일에 대한 무반응이나 일이 이루어지기까지의 여러 승인 절차 등을 이해하기 어려워한다. 여러 기업들이 직급을 없애거나 영어 이름을 사용하는 것도 이러한 조직 구성원들의 변화에 발맞춘 것이다.

개개인을 존중하는 수평적인 조직 내에서 기강이 무너질까

염려하기보다는, 자유로운 소통 내에서 보다 창의적이고 새로운 문화를 만들어가도록 노력할 때다.

'직장'이 아니라 '직업'을 갖는 세대로 변화하고 있다는 뜻이기도 하다. 직장에 충성하여 돈을 벌기보다는 꼭 직장에 속하지 않더라도, 혹은 직장을 옮겨 다니면서라도 즐기면서 할 수 있는 직업을 갖게 되었다. 개개인이 전문성을 갖추고 프로젝트를 위해 모이거나 흩어질 수 있으므로 1인 유튜버가 새롭게 떠오르는 직업으로 인기를 얻기도 했다. 이들은 혼자서 일하면서도 SNS로 취향을 공유하는 이들과 소통하며 혼자이자 혼자가 아니라는 것을 확인한다.

그런데 이러한 성향 때문에 '밀레니얼세대가 이기적이며 회사에 대한 애정이 부족하다', '일을 잘 배우지 못하고 열심히 하려고 하지도 않는다'는 기성세대의 우려와 편견도 있다.

밀레니얼세대가 즐겁게 일하기 위해서는 더 이상 기존의 조직 문화를 고집하는 것이 아니라 구성원의 성향에 맞춘 새로운 조직 문화가 필요하다. 조직의 성격에 따라 다르겠지만, 구성원들의 성향을 고려하여 기업의 운영 방침이 어떻게 달라져야 할지

고민해볼 시점이다.

개인주의에 익숙한 밀레니얼세대가 그들의 강점을 조직 내에서 활용하게 만들려면 그들의 선택과 자유를 존중하는 방식을 도입해볼 것을 권하고 싶다.

이에 더해 조직원들의 자율적인 문화를 독려하는 기업들도 있다. 넷플릭스는 관료주의를 없애면서 모든 직급의 팀원들이 불필요한 규칙에 얽매이지 않도록 많은 영역에서의 자율권을 부여했다. 휴가 정책을 없애고 직속 상사와 상의하여 재량껏 휴가를 사용할 수 있도록 했고, 회사 비용의 사용에 대한 규제를 아예 없앴다. 제도를 최소화함으로써 오히려 구성원들 개개인의 판단력에 맡긴 것이다. 이는 오히려 모두가 불필요한 절차를 거치지 않고 일에 집중할 수 있는 환경을 조성하는 결과로 이어졌다고 한다.

물론 관료제를 걷어내고 개인을 존중하는 문화, 수평적이고 자율적인 조직 문화가 단번에 정착하기는 어려울 것이다. 하지만 당장은 아니더라도 구성원이 역량을 최대한 발휘할 수 있는 환경을 조성하는 것이 앞으로 리더와 기업이 나아갈 방향이라는 것만은 분명하다.

# 11

# 카톡으로
# 회의하면
# 안 될까요

○ ●● ◖◗　　P부장은 요즘 회사에서 일과를 보내다가 뜻밖의
당혹감을 느낄 때가 많다. 얼마 전에는 아침에 출근하자마자 바
로 책상 옆자리에 앉은 같은 부서 직원에게 간단한 업무를 하나
맡겼다. 평소 성실한 직원이라 부지런히 파일을 확인하고 키보드
를 두드리는 소리가 꽤나 믿음직스럽게 들렸다.

그런데 부장이 화장실을 가느라 잠시 비우고 돌아왔더니 책
상 위에 보고서 하나가 올라와 있는 것이 보였다. 옆자리 직원에

게 지시했던 일을 끝마친 모양이었다. 모니터를 보자 메신저 알림창이 반짝거리며 '부장님, 보고서 책상 위에 올려놨습니다'라는 정중한 메시지가 떠 있었다. 옆자리를 슬쩍 보니 직원은 모니터에 시선을 고정시킨 채 부장 쪽은 쳐다보지도 않고 있었다.

거리가 멀지도 않으니 그냥 옆자리에서 건네주면 되는데, 그 직원은 굳이 부장이 자리를 비우길 기다리다가 화장실에 간 타이밍에 슬쩍 보고서를 올려놓은 모양이었다. 부장의 입장에서는 이러한 보고 방식이 다소 당황스럽게 느껴졌다.

그렇지 않아도 요즘 많은 회사에서는 '메신저 회의'에 대한 선호도가 높아졌다고 한다. 직접 얼굴을 보고 마주 앉아 회의를 하는 대신에 온라인 메신저로 의견을 나누는 것이다. 중년 이상의 임원급에게는 익숙하지도 않고 어색하게 느껴지는 방식이지만, 젊은 직원들 사이에서는 오히려 대면 회의가 없어져 홀가분하고 효율적이라는 반응이다.

그들은 다 같이 모여 회의에 들어가서 자신과 직접적으로 상관없는 안건까지 들으며 자리를 지키는 것이 비효율적이라는 점을 지적하기도 하고, 혹은 '고구마 백 개는 먹은 것처럼 답답한'

회의에서 감정이 솔직하게 표정에 드러나면 괜히 싫은 소리를 들어야 하니 부담스러운 점이 있다고 토로한다.

얼굴을 보고 얘기하면 상사의 눈치가 보여 제대로 의견을 개진하지 못하는 데 비해 메신저를 이용한 회의는 보다 빠르고 자유롭다는 점을 순기능으로 꼽기도 한다.

하지만 이러한 변화를 접하는 데 있어 세대별로 받아들이는 느낌이 다른 것은 어쩔 수 없다. 서로에게 당연하고 익숙한 소통 방식이 다르기 때문이다.

요즘 세대에게 SNS가 자연스럽듯이 기성세대는 무엇이든 얼굴을 보고 이야기를 나누는 것이 가장 기본적이고 당연한 소통 방식이라고 여겼다. 좋은 소식이든 다소 껄끄러운 이야기든 얼굴을 마주보고 상대방의 표정이나 억양을 살피며 이야기를 나누는 것이 가장 속 시원하고 합당한 방법이었다.

하지만 밀레니얼세대는 어릴 때부터 늘 인터넷을 사용하다 보니 직접 대면하여 이야기하는 것 이외에도 익숙한 소통의 창구가 다양하다.

스마트폰이 아직 나오지 않던 시절에도 PC 채팅을 하던 세대고, 지금은 거의 하루 종일 모든 용건을 메신저를 통해 이야기한다. 사귀던 사람과 이별을 통보할 때조차 요즘에는 메신저를 통해 이야기하는 경우가 많다고 한다. 예전 같으면 충격적일 만큼 예의가 없는 행위라고 생각하겠지만, 지금은 점차 대화 방식의 하나로 받아들여지는 분위기다.

밀레니얼세대가 점차 사회를 이루는 주된 층이 되어가면서 조직 내뿐만 아니라 일상생활에서도 역시 대면 접촉을 줄이는 방식이 선호되고 있다. 사람과의 접촉과 대화보다 모니터를 터치하고 메시지를 발송하는 것이 익숙하고 편하기 때문일 것이다.

이들은 어플을 이용해서 택시를 잡고, 은행 업무도 모바일로 해결한다. 전화 대신 스마트폰으로 장을 보고 고장난 물건이 있으면 A/S도 접수한다. 오프라인 쇼핑을 가더라도 직원이 붙어서 이것저것 설명해주는 것보다 혼자 조용히 둘러보는 것을 원하는 경우가 많다.

그래서 한 편집매장에서는 화장품 등을 직원이 설명하는 대신 소비자가 직접 체험해볼 수 있도록 디지털 체험공간을 마련하기도 했다고 한다. 색조화장품을 선택하면 내 얼굴에 직접 발라보지 않아도 화면 속에서 간접적으로 체험해볼 수 있는 시스템이다. 카운터에서 주문을 받는 직원 대신 무인 주문이 이루어지는 키오스크는 이제 새로울 것도 아니다.

예전에는 사람들과 자주 어울리지 않고 혼자 있는 사람들을 내성적이고 무기력하게까지 보는 시선도 있었지만 지금은 오히려 꼭 필요한 시간으로 생각하는 경우가 많다. 쉴 때는 사람들과 접촉하지 않고 오로지 혼자서 휴식을 즐기며 스스로의 에너지를 충전하고 싶어 하는 사람들이 많아졌다.

하루 종일 회사에서 사람들과 북적이며 속에 있는 에너지를 다 끌어다 썼는데, 퇴근 후에까지 사람들 사이에서 쇼핑을 하며 직원과 무언가 묻고 답하는 활동을 하고 싶지 않은 것이다.

배달 어플의 성공도 이러한 밀레니얼세대의 성향에서 기인한 바가 크다. 직접 전화를 걸어 사람과 대화하지 않아도 되는 대체 매체가 있다면 그쪽을 선택할 확률이 훨씬 더 높다는 얘기다.

물론 점점 일상 속에서 사람 냄새가 없어지고 있다고 걱정하는 시선도 없지 않다. 하지만 대면 소통이 가져오는 감정 소모를 줄일 수 있다는 장점과 편의성이 더욱 각광받고 있는 분위기다.

특히 밀레니얼세대는 사람과 직접 마주했을 때 생길 수 있는 불필요한 오해나 불친절로 인한 상처를 피할 수 있다는 장점을 꼽는다. 심지어 '콜 포비아'라는 신조어가 등장할 정도로 메시지가 익숙한 시대에 전화를 주고받는 것에 대해 '두려움'마저 느끼는 사람들도 있다.

밀레니얼세대가 이처럼 비대면 소통을 선호하게 된 것은 기본적으로 디지털 기기의 활용이나 정보 검색에 능통한 세대이기 때문일 것이다. 더불어 나 자신의 만족도와 행복을 가장 우선시하는 성향의 영향도 있는 듯하다. 나에게 불편한 요소가 될 수 있는 것은 피하고 내가 원하는 삶의 형태를 직접 설계하고 만들어가는 것이다.

한편으로는 디지털에 익숙하지 않은 세대의 소외 문제나 일자리 감소 문제에 대한 우려도 끊임없이 제기되고 있다. 단편적인 예시로, 명절에 기차를 타고 귀향하는 사람들 중에 모바일 예매가 익숙하지 않은 노인 세대가 대부분 자리를 예약하지 못하고 입석으로 가는 경우가 많은 것처럼 말이다.

또한 조직 내 메신저를 통한 의사소통이 익숙해지면서 생기는 문제점에 대해서도 인지할 필요가 있다. 메신저는 언제든 휴대폰으로 쉽게 메시지를 보낼 수 있다 보니, 밤늦게나 새벽까지도 자신의 필요에 의해 메시지를 보내 업무 지시를 하는 경우도 생기고 있다. 휴가를 내서 여행을 간 상태인데도 업무 단톡방을 확인하지 않는다고 상사에게 혼나는 사례도 있다.

하지만 우려되는 점이 있다고 해도 이미 직접 대면하지 않고 디지털을 통해 소통하는 문화는 더 이상 뗄 수 없는 하나의 익숙한 방식으로 이미 자리매김하고 있다. 비대면 소통을 선호하는 밀레니얼세대의 특징은 단순한 성격이나 취향 문제를 넘어서 시대적인 흐름과 맞물려 있는 셈이다.

무조건 기성세대에게 익숙한 방식이 아니라는 이유로 거부하기보다는 어떤 영역에서는 수용하고 또 어떤 영역에서는 사람과 사람이 만나서 생기는 강점을 발전시킬 수 있을 것인지 고민할 시점이다.

기계나 로봇이 대체할 수 있는 자리는 활용하되, 사람만이 채울 수 있는 자리는 더욱 특별하게 차별화할 수 있는 방향으로 발전해나가야 하는 순간이 도래한 것이다.

# 12

## 회식도 업무라면
## 야근수당을
## 주세요

○●◐◑ 　B팀장은 요즘 사내 동호회인 클라이밍에 한창
빠졌다. 매일 사무실 의자에 앉아만 있다가 이렇게라도 한 번씩
몸을 움직이니 더 건강해지는 것 같다. 회사에서도 사내 동호회
를 지원해주고 있어서 활동 후 저녁을 먹으면 식비도 지원이 나
온다. 게다가 몸을 움직이는 활동을 함께하니 왠지 팀원들과도
조금 더 돈독해진 기분이 든다. 운동을 마친 후 개운하게 샤워까
지 마치고 기분 좋게 '다들 저녁 먹고 갈래?' 물었는데 의외의 대
답이 돌아왔다.

"아니요, 전 이제 집에 갈게요."

예전과 달리 요즘은 워라밸이 화두로 떠오르며 퇴근 후 사내 활동이나 회식을 반기지 않는 분위기라는 것은 알고 있지만, 이렇게 단호하게 거절하는 걸 보면 아무래도 서운한 마음이 앞선다.

그렇다고 '회식을 왜 빠지냐'고 혼내면 단번에 표정이 안 좋아지니 어디까지 이해해야 하나 싶어 한숨이 나오기도 한다. 퇴근하고 함께 회식하며 술도 한 잔 하면서 같이 '돈독'해지자는 의미가 있는데, 회식을 거부하는 밀레니얼세대와는 도대체 어떻게 친해져야 하는 것일까.

요즘은 회식에 대한 인식이 극명하게 달라지고 있는 추세다. 아마 조직 내에서 과거와 비교했을 때 눈에 보이는 가장 큰 변화 중 하나가 아닐까 싶다. 기성세대는 회식으로 업무적인 소통을 보완하고자 했다면, 밀레니얼세대는 회식 문화의 단점을 보다 선명하게 인지하고 있다.

기성세대는 왜 회식을 좋아할까? 그들이 평생직장에 몸 바쳐 일할 때에는 기본적으로 배불리 먹는 것이 중요했던 시대고, 잦은 회식으로 맛있는 밥을 사주는 회사는 그만큼 좋은 회사였다. 다 같이 맛있는 술과 고기를 먹으며 사기를 올리고 애사심을 중심으로 단합하는 것이 업무적인 동기 부여가 되기도 했다.

하지만 풍요롭게 자란 밀레니얼세대는 결코 회사에서 사주는 밥이 나의 개인적인 저녁 휴식보다 매력적이라고 생각하지 않는다. 어차피 하루 종일 회사에서 얼굴 보는 사람들인데, 퇴근하고 나서까지 같이 무언가를 하는 것 자체가 부담스럽고 혹은 스트레스가 되기도 하는 것이다.

이러한 성향 차이를 고려하지 않은 회식은 결국 누구를 위한 것일까. 기성세대 팀장은 '아까 혼냈으니 저녁에 술이라도 한 잔 사주면서 북돋아줘야지'라고 생각할지도 모른다. 하지만 팀원은 '안 그래도 기분이 별로인데 퇴근도 못하고 술을 마셔야 하다니' 하며 투덜거리고 있을 것이다.

회식 자리라고 해서 권위적인 상사가 갑자기 친구처럼 허심탄회하게 이야기를 들어주지는 않는다. 팀장은 그냥 술자리를 가졌으니 기분이 풀렸을 것이라고, 동기 부여가 됐을 것이라고 막연히 믿는 것에 가깝다. 오히려 밀레니얼세대는 회식을 통해 연대감이 생기기는커녕 오히려 다음 날 피곤할 뿐이라고 생각하는 경우도 많다.

예전에는 TV에서 한 스포츠 선수가 회식 자리에서 후배들에게 자리를 일일이 정해주거나, 일명 파도타기 등을 제안하는 모습이 재미있는 일화처럼 나오기도 했다.

그런 회식 자리가 제일 즐거운 사람은 가장 윗사람, 직급이 제일 높은 사람일 수밖에 없다. 후배들은 알게 모르게 그들의 옆자리나 앞자리를 피하려고 눈치 싸움을 벌이고 있을 것이다.

요즘에는 회식을 '업무의 연장'이라고 말하는 상사에게 '그럼 야근 수당 주세요'라고 대꾸하는 직원도 있다고 한다.

사실 이 때문에 기성세대가 도리어 상처를 받기도 한다. 밀레니얼세대는 불합리하다고 느끼는 것을 좀처럼 참지 않는다. 격식을 갖추지 않고 자신의 의견을 즉각 표출하는 것에 익숙하기 때문에, 윗사람에게 직설적인 표현을 던지기도 한다.

좋은 의도로 팀원을 모아 돈까지 썼는데 '왜 직장 상사랑 저녁까지 같이 먹어줘야 되는지 모르겠다'고 투덜거리는 소리를 들어야 하는 팀장도 기분이 좋을 리 없다. 결국 구성원들이 어떻게 변화하고 있는지, 또 우리가 어떻게 함께할 수 있는지 방법을 찾아야 한다.

이에 여러 기업들도 회식을 대체할 만한 소통 방법에 대해서 많이들 고민하고 있다. 요즘엔 불편한 회식 문화가 많이 없어지긴 했고 회식을 대체할 수 있는 활동을 하기도 한다. 함께 영화를 보거나 볼링을 치러 가는 '건전한' 회식도 늘어나고 있다.

하지만 여기서 놓치지 않아야 하는 포인트는 '강제성'이다. 2차, 3차로 늦은 시간까지 이어지는 회식보다는 낫겠지만 회사 직원들이 모여 퇴근 후의 시간을 반강제로 함께 보내야 한다는 것은 마찬가지로 스트레스로 작용할 수 있다.

사실 회식 문화에 대한 가장 근본적인 해결책은 '참석 여부의 자유'에 있다고 본다. 여전히 회식의 순기능을 잃기 아쉬운 기성세대도 만족할 수 있고 회식에 부담감을 느끼는 밀레니얼세대도 비교적 가벼운 마음으로 참석 여부를 선택할 수 있을 테니 말이다.

또 가능하다면 회식의 시작 시간과 끝나는 시간을 분명히 하자. 6시 30분에 회식을 시작하기로 했는데 팀장이 일이 남았다고 늦게 온다면 혹은 대표가 7시쯤 도착한다고 연락이 왔다면 다들 지지부진하게 늘어지는 시간을 버려야 한다. 모처럼 좋은 마음으로 참여했다가도 자신의 소중한 저녁 시간이 아깝다는 생각이 들기 시작하는 것이다.

혹은 업무 시간 내에 식사를 하거나 간단히 술을 마시는 것으로 업무 시간 외의 개인적인 시간을 지켜주는 것도 좋은 방법 중 하나다. 점심 회식을 하거나 오후 티타임을 이용해 친목을 다진다면 비싼 술을 사주지 않아도 충분히 '좋은 회사' 소리를 들을 수 있을 것이다. 예쁘게 세팅된 다과 사진을 찍어 SNS에 올리는 직원까지 있다면 그 회식은 완전히 성공적이라고 볼 수 있다.

더불어 회식의 목적을 분명히 하면 좋다. 부장의 기분이나 스케줄에 따라 예정에 없는 회식을 하거나, '갑자기 왜?'라는 의문이 드는 회식은 참여에 대한 동기 부여가 되어 주지 않는다.

무엇을 기념하기 위해서, 혹은 어떤 정보를 전달하기 위해서 분기별 친목을 다지기 위해서 등 회식을 왜 하는지 이해하면 회식의 필요성을 조금 더 이해하고 공유할 수 있다.

물론 예전처럼 폭탄주라도 말아 먹으며 건배사를 외치는 '뜨

거운' 회식에 대한 아쉬움이 남을지도 모르겠다. 하지만 단순히 모두가 한 장소에 모여 술을 마시고 목소리를 높여 파이팅을 한다고 한들 우리가 더 친해지는 것은 결코 아니다. 회식에 대한 결정권을 가진 기성세대가 과감한 결정을 내려야 한다.

# 13

# 직설적이고 빠른
# 피드백을 원하는
# 세대

○●●◑ 　최근 EBS 캐릭터 '펭수'가 2030 사이에서 폭발적인 인기를 얻고 있다. 남극 출신인데 BTS를 보고 스타를 꿈꾸며 한국행을 결심해 지금은 EBS 연습생이 되었다는 설정이다. 처음에는 어린이를 대상으로 한 캐릭터였지만 뜻밖에도 밀레니얼세대의 '뽀로로'로 자리매김을 했다. 펭수의 가장 큰 특징은 말이나 행동이 거침없다는 것이다. EBS 사장을 존칭도 없이 이름으로 부르며 물주 취급을 하고, EBS에서 잘리면 타 방송사에 가면 된다고 태연하게 발언하기도 한다. 꼰대 문화를 거부하며 좋

고 싫음을 분명하게 표현하여 보는 이들로 하여금 통쾌함을 느끼게 하는 것이다. 많은 직장인이 그런 모습이 자신을 대변하는 것 같아 속이 시원하다며 펭수에 열광하고 있다.

이렇듯 많은 밀레니얼세대가 기존의 통념에 대해 반박하는 캐릭터를 보며 대리만족을 하거나, 혹은 실제로 반감을 느끼는 문제에 대한 직설적인 표현도 서슴지 않는다. 강연을 다니다 보면 듣는 사람들에게 직접 질문을 하고 답변을 들으며 소통할 때가 있다. 얼마 전에는 연륜 있는 강사가 강의를 하던 중에 자리에 앉아 있는 남자에게 다가가 '결혼은 하셨나요? 그럼 여자친구 있으세요?'라고 물었다고 한다. 강의 내용을 자연스럽게 이어가기 위한 질문이었고, 주변의 분위기도 좋았다. 그런데 잠시 브레이크타임을 갖고 난 뒤 강의를 재개하는데, 그 남자가 갑자기 손을 들고 모든 사람이 듣는 앞에서 이렇게 말했다고 한다.

"강사님, 제가 계속 생각해봤는데 아까 그 질문은 사적이고 적절하지 않았던 것 같습니다. 기분이 계속 안 좋아서 더 이상 이 강의를 듣고 싶지 않습니다."

강사는 깜짝 놀라며 기분 나쁘게 할 의도는 아니었다고 사과하고 해명했다. 몇십 년의 경력이 있는 강사인데도 이렇게 직설적으로 감정을 표현하는 상황은 처음이라 순간 당황할 수밖에 없었다. 나중에 이 이야기를 들은 한 교수님은 '질문하는 것보다 본인이 원해서 말할 수 있는 상황을 만들어주는 게 좋다'고 조언해 주셨다.

물론 불쾌할 수도 있었으리라는 것은 이해한다. 하지만 얘기를 전해들은 다른 강사들도 이 정도로 직설적으로 표현하는 밀레니얼세대의 화법에 내심 놀라지 않을 수 없었다.

인터넷을 기반으로 한 빠른 소통에 익숙한 밀레니얼세대는 돌려 말하기보다 부당하게 느끼는 것을 즉각적으로 발화하는 데 익숙하다. 또한 그만큼 상대방에게도 정확하고 빠른 피드백을 원하고 기대하는 경우가 많다.

기성세대는 업무와 관련된 메일 하나를 보내더라도 '안녕하십니까. 요즘 날씨가 서늘한데 건강히 잘 지내시지요?'로 시작하여 구구절절 예의를 차리는 걸 당연하게 생각했다.

하지만 요즘에는 메일에 'ㅈㄱㄴ'를 써서 보내는 경우도 있다고 한다. '제목이 곧 내용', 즉 용건은 제목에 다 나와 있다는 의미의 줄임말이다.

업무적인 용건을 주고받을 때 굳이 얼굴을 보고 회의하거나 서론, 본론, 결론으로 구성된 보고서를 전달하기보다 차라리 메신저를 통해 간단하게 지시하고 피드백 하는 게 밀레니얼세대에게 더 익숙한 소통 방법이라는 뜻이다.

---

'지금 링크를 클릭 하세요'

'지금 무료 쿠폰을 다운로드 하세요'

---

PC나 모바일에서 흔히 볼 수 있는 이런 광고 배너들은 밀레니얼세대가 원하는 방식을 잘 반영하고 있다. 웹사이트에서 핵심 페이지까지의 클릭 수가 서너 번만 넘어가도 도달률은 급격히 떨어진다고 한다.

요즘의 젊은 밀레니얼세대는 웹페이지에 이미지 하나가 뜨는 데까지도 한참을 기다려야 했던 예전의 인터넷에 대해 상상하기도 어려울 것이다.

밀레니얼세대는 불필요한 절차를 생략하고 핵심적인 내용을 자유롭고 즉각적으로 소통하는 것을 원한다. 칭찬을 많이 받고 자란 세대이기 때문에 구체적인 칭찬을 해주는 것도 좋지만 피드백이 꼭 칭찬만을 뜻하는 것은 아니다. 자신에게 비판적인 내용이더라도 그것을 정확하게 짚고 개선 방향을 제시하면 오히려 적극적으로 수용하고 받아들일 수 있다.

또한 구체적인 피드백을 하는 것도 중요하다. 다 같이 진행하던 프로젝트 하나가 성공적으로 마무리가 되었다고 가정해 보자. 매주 한 번씩 있는 정해진 회의 시간에 팀장이 모두를 둘러보며 활기차게 칭찬과 격려의 말을 전한다.

"다들 고생한 만큼 프로젝트도 성공리에 마무리되어서 기쁩니다. 이번 주도 힘내서 해봅시다."

물론 팀 분위기가 나빠질 것이야 없지만 사실 이러한 칭찬은 밀레니얼세대에게 큰 동기 부여가 되어 주지는 않는다. 왜일까? 그들은 전체를 향한 뭉뚱그린 칭찬보다 개별적인 피드백을 훨씬 와 닿게 느끼기 때문이다.

다만 '다시 해와', '이건 별로야'가 아니라 실질적으로 이해할 수 있는 논리적인 지적을 기반으로 해야 한다. 무엇을 보완하고 어떻게 고칠지 도와주는 것이 리더에게 기대하는 역할이다.

K씨는 신입사원 시절, 업무적으로 정확한 그림을 그려주는 팀장 덕분에 회사에 적응하고 업무를 익히는 데 큰 도움이 되었다고 지금도 고마운 마음을 가지고 있다. 팀장은 업무 지시를 할 때 항상 과도하게 느껴질 정도로 구체적이고 자세하게 이야기했다. 일의 맥락에 대한 충분한 설명 덕분에 일에 대한 의미를 깨닫게 되고, 전체적인 사고를 확장시키는 데에도 도움이 되곤 했다.

회사 업무에는 어떤 부서든 덜 중요하게 느껴지는 일이 있기 마련이지만 그 일도 누군가는 해야 한다. 주로 신입사원의 일이 되는 그 업무를 스스로 가치 없는 일처럼 느낄 수도 있지만, 팀장의 꼼꼼한 배경 설명은 이 일을 왜 해야 하는지, 우리 팀이 일을 하는 데 있어 이 일이 어떤 역할을 하는지를 일깨워 주었다.

대기업을 배경으로 한 인기 웹툰에서는 결재 서류를 가져가면 늘 '다시 해와'라고 말하는 부장 캐릭터가 등장한다. 기성세대는 실제로 이런 회사 분위기 내에서 성장했다. 그러다 보니 사실상 업무 효율을 높이기보다 상사의 기분이 좋을 때를 살피거나 같은 내용에 형식만 바꾸는 등의 꼼수가 통용될 때도 있었다.

하지만 자신이 한 일이 통과되지 않았을 때 무엇이 문제인지 정확하게 알려주지 않으면 밀레니얼세대는 자신의 미흡함보다 상사의 능력 부족으로 치부해버린다.

일이 어떻게 흘러가는지 눈앞에 지도를 그려주는 것이 좋다. 이 일이 어떤 결과를 내며, 그것이 회사와 개인의 성장에 어떤 영향을 미칠 것인지 알려주는 일이 동기 부여가 된다.

이를 반영한 좋은 예로, '나이키'에서는 직원들에 대한 다방면의 적극적인 피드백을 활용하기 위해 관리자를 비즈니스 매니저와 피플 매니저로 분류해 운용했다고 한다.

피플 매니저는 직원 채용 및 성과 관리를 맡아 개개인의 역량 개발을 할 수 있도록 이끄는 역할을 했다. 연 2회의 정기적인 코칭 프로그램이 있지만 그보다는 상시 코칭을 강조하고 있다. 매니저들이 시간과 장소에 관계없이 수시로 팀원들을 지켜보고 피드백한 것이다.

매니저가 얼마나 직원 개개인을 잘 파악하고 적절한 시기에 적절한 방법으로 피드백 하는지를 중요한 포인트로 여겼다. 이에

HR이 효율적인 코칭 방법을 지속적으로 안내하고 있으며 직원들 역시 이러한 매니저의 역할을 적극적으로 활용하여 개인의 성장 발판으로 삼을 수 있게 했다.

결국 밀레니얼세대와 함께 성장하기 위해서는 기성세대 역시 그만큼 꾸준히 발전하고 리더로서 구체적인 관심을 기울일 필요가 있다는 얘기다.

한 가지 팁을 주자면 칭찬을 할 때는 구체적으로, 또 실수를 지적하거나 부정적인 피드백을 할 때는 팩트 위주로 이야기하는 것이 좋다. 이러한 맞춤형 소통 방식을 통해 기성세대 리더는 밀레니얼세대의 잠재된 역량을 이끌어내고 미처 발견하지 못했던 새로운 방향의 표지판을 발견할 수도 있을 것이다.

# 14

# 퇴사 이후의
# 계획 없는
# 퇴사

○ ●● ◐   C씨는 졸업 후 3년 동안 공무원 시험 준비를 하
다가 결국 계약직으로 한 공기관에 입사했다. 계약직이지만 별
일이 없으면 꾸준히 계약을 갱신할 수 있고, 그 사이에 시험을 보
고 자격을 취득하면 정규직으로 전환될 수도 있는 전망 있는 직
장이었다.

하지만 그는 2년 동안 다닌 직장의 계약을 갱신하지 않고 결
국 퇴사하기로 결정했다. '윗사람이 말하면 시키는 대로 하라'며
비효율적이고 비합리적인 조직 문화에서 더 이상의 가능성이나

희망을 보지 못했기 때문이다.


공무원인 부모님은 '안정적인 직장'이 최고라고 예전부터 강조하셨고 그래서 공무원 공부도 시작했던 것이지만, 소중한 인생의 한 시절을 이렇게 무의미하게 흘려보낼 수는 없다는 생각에 결심이 섰다.

그는 원래부터 좋아하던 제빵을 제대로 다시 배워서 작게라도 공방이나 빵집을 차리고 싶다고 마음을 굳혔다. 돈을 많이 벌지는 못하겠지만 아니 당분간은 오히려 모은 돈을 쓰기만 해야겠지만 미래의 안정감보다는 지금 당장 행복해질 수 있는 방법을 찾는 게 중요하다는 생각이 들었다.


요즘은 '평생직장'이라는 말 자체가 무색하게 사라지는 추세로, 한 직장에 제 인생을 바칠 각오를 보이는 직원은 많지 않다. 하지만 기성세대에게 퇴사라는 건 그렇게 간단하지 않았다.

특히 부모가 되고 가정을 꾸린 이들에게 직장이란 나와 내 가족의 터전이자 삶 그 자체이기도 했다. 회사의 발전을 위해서라면 개인의 시간을 희생할 수 있었고, 그래서 퇴직 후에는 마치 나 자신을 통째로 잃어버린 것처럼 허전한 마음도 들기 마련이었다.

그런데 지금은 1년차가 채 되지도 않은 신입사원들이, 몇백의 경쟁률을 뚫고 힘들게 들어간 회사에서도 금방 사직서를 낸다. 한국경영자총협회가 조사한 대졸 신입사원의 1년 이내 퇴사율 조사 결과에 따르면 2012년에 23%였던 수치가 2016년에는 27.7%에 달한 것을 알 수 있다.

즉 10명 중에서 3명은 1년 이내에 퇴사를 한다는 것이다. 기성세대가 보기에는 경력도 제대로 쌓지 않고 회사를 전전하며 방황하는 것 같아 걱정이 되기도 하고, 버티고 참아내지 못하는 요즘 애들이 끈기가 없어 보여 답답하기도 하다.

자녀들 중에는 무작정 '유학을 보내 달라'고 요청하는 경우도 있다. 환경이 바뀐다고 한들 미래에 대한 또렷한 답이 나오는 것도 아닐 텐데, 막연하게 당장의 코앞만 생각하는 것 같아 부모가 더 막막해지기도 한다.

사실 조직 생활의 어려움을 따지자면 과거에 더 많았을 것이다. 기성세대는 권위적이고 때로는 비합리적인 조직 문화 속에서도 그에 대해 불만을 표하기보다 인내하고 참는 것을 택했다. 조직을 벗어나는 것이 두렵고 그럴 듯한 명함이 있어야 그 명함이

나를 대체한다고 느꼈기 때문이다. 기성세대는 더 군기가 센 조직 문화 속에서도 의미를 찾으며 버텨냈는데, 왜 요즘 애들은 그렇게 하지 못하는 것일까.

밀레니얼세대는 이전 세대에 비해 대학 진학률이 높고 단군이래 최대 스펙이라 할 만큼 능력치도 높다. 다들 10대 때에는 부모가 못 이룬 꿈을 대신하듯 열심히 공부하기에 바빴다.

그런데 막상 '남들이 다 하는 대로' 또 '부모님이 시키는 대로' 대학까지 가고 보니 전공이 나의 적성과 맞지 않다고 생각하거나 재미를 붙이지 못하는 사례가 많다. 적성을 따져 선택한 것이 아니라 점수대에 맞춰서 대학교 이름을 기준으로 선택하다 보니 일어나는 일일 것이다.

이후 직장에 들어가서도 마찬가지다. 그 어렵다는 취업을 하긴 했지만 막상 회사에 다니다 보니 내가 원하는 일이 아니라는 걸 깨닫게 된다. 업무적으로 맞지 않을 수도 있고 회사의 시스템 때문에 퇴사를 결정할 수도 있다.

밀레니얼세대는 이러한 조직 문화를 바꾸는 데 어려움을 느끼면 차라리 아예 벗어나는 것을 택한다. 그들에게 중요한 건 회사의 발전이 아니라 결국 나 자신의 만족과 행복이기 때문이다.

그래서 꼭 이직을 결정하지 않고 퇴사 계획 없이 무작정 퇴사를 하는 경우도 많다. 직장 생활에 지쳤다고 느낄 때 일단 당분간은 휴식을 취하고, 취미 생활이나 여행 등으로 나 자신에게 먼저 보상을 주자고 생각하는 것이다. 기성세대는 무턱대고 회사를 그만두고 수입이 없어지는 것에 대해 불안을 느끼지만 가난에 대한 극단적인 경험이 없는 밀레니얼세대는 돈보다 개인의 정서적 안정을 먼저 생각하게 된 듯하다.

밀레니얼세대는 퇴사를 통해 조금 더 많은 경험을 하고자 하고, 그러한 경험을 통해 결국 자신이 원하는 일을 찾아가고자 하는 경향이 있다. 그래서 어떤 회사에 속하기보다 자기 사업을 하거나 조직에 속하지 않고 직업만 가진 채로 추구하는 일을 하기도 한다.

기성세대가 보기에는 그게 잘 된다는 보장이 없고 불안정하다는 생각이 들 수도 있다. 안정적인 회사를 다니면서 좋아하는 일은 취미로 해도 되지 않을까? 아니면 확실한 다음 직장을 구한 뒤에 일을 그만두면 좋지 않은가? 왜 굳이 적금까지 깨서 여행을 다니고 힐링을 한다는 걸까? 밀레니얼세대를 이해하기란 말처럼 쉽지 않다.

하지만 많은 밀레니얼세대가 미래를 대비하기보다는 현재, 지금의 행복에 더 큰 가치를 둔다. 얼마 전에 예능 프로그램을 통해 암 투병 후의 일상을 공개한 허지웅 작가는 자신은 앞날을 생각하지 않고 사느라 이번에 암에 걸리고 나서야 실비 보험의 존재를 알았다고 고백하기도 했다.

실제로 보험 가입률은 점차 떨어지고 있는 추세라고 한다. 적금이든 연금이나 청약이든 항상 미래를 대비하는 기성세대의 삶의 방식과는 대조되는 현상이다.

한편으로 무모해 보이기까지 하는 방식이지만 배울 만한 점도 있다. 사실 기성세대는 스스로를 위해서 무언가 할 마음이 있어도 투자할 여유나 시간이 없었다. 백세 시대가 된 지금은 자식을 다 키워 독립시킨 후에도 몇십 년의 시간이 남는다. 뭔가를 새롭게 배우거나 취미생활을 하는 등 나만을 위한 삶을 배워보는 것도 좋지 않을까 싶다.

밀레니얼세대가 어떤 회사를 원하는지, 더 나아가 어떤 삶을 살고 싶어 하는지 이해하면 그들이 퇴사하게 되는 이유를 짐작할 수 있을 것이다. 또한 퇴사를 원하게 되는 이유를 알아야 입사한 회사에서 동기 부여를 해줄 수 있는 전략 역시도 세울 수 있다.

밀레니얼세대는 개인을 성장시킬 수 없는 조직이라고 생각하면 거침없이 그 조직을 벗어난다. 따라서 기업에서는 회사를 위해 개인을 소모하는 것이 아니라 개인이 발전할 수 있는 시스템을 갖추어야 한다. 직원에 대한 교육에 적극적으로 투자하고 그들이 열정을 발휘할 수 있을 만한 능동적인 환경을 만들어 주어야 한다.

달리 말하자면 면접 때 열정을 가지고 입사한 직원이 1년도 안 되어 퇴사를 고민하고 있다면 회사의 조직 문화가 밀레니얼세대의 욕구를 충족시키지 못하고 과거의 낡은 방식을 고수하고 있지는 않은지도 돌아볼 필요가 있다는 것이다.

밀레니얼세대가 노력하지 않는 것이 아니라 그들이 노력했을 때 결과를 얻을 수 있는 환경이 미처 만들어지지 않은 탓인지도 모른다. 그래도 열정을 쏟으라고 밀어붙일 수만은 없는 일이다. 새로운 세대를 품고 이끌어가기 위해서는 조직도, 리더도 달라져야 한다.

# 기성세대가 만든
# 성공 방정식은 달라졌다

끊임없이 빠르게 쏟아지는 새로운 트렌드 속에서 변화의 흐름을 한눈에 이해하기란 어렵다. 무슨 신조어가 유행한다고 하더니 눈 깜박하고 나면 이미 사장된 단어가 되고 또 새로운 신조어가 등장한다. 언어뿐만이 아니다. 소비문화나 라이프 스타일 등 삶의 형태 자체가 전반적으로 빠르게 변하고 있다.

더 중요한 것은 밀레니얼세대의 트렌드가 사회 전반에 퍼지고 적용되는 기간이 점차 더 짧아지고 있다는 것이다. 밀레니얼세대가 하는 말, 행동, 그들이 소비하는 것들이 이제 사회 주류로 자리매김하고 있다. 대한민국 인구에서 밀레니얼세대가 차지하는 비율이 25%를 넘어가고 있으며, 핵심적인 경제 활동을 하는 사회의 주된 집단으로 자리 잡아가는 추세다.

이들을 이해하고 교류하기 위해 근본적으로 주목해야 할 점은 밀레니얼세대가 지향하는 지점이 달라지고 있다는 점이다. 밀레니얼세대는 부모 세대의 깊은 관심과 보호 속에서 자랐다. 어릴 때부터 성공에 이르는 지름길을 알려주기 위해 부모가 세워둔 표지판을 따라가기만 하면 되었다.

하지만 더 이상 밀레니얼세대는 그 길이 인생의 성공이라고 생각하지 않는다. 그들은 기존에 기성세대가 만들어 놓은 성공 방정식에서 벗어나 그 어느 때보다 새로운 삶의 방식을 만들어가고 있다.

특히 독특해 보이는 현상은 이들이 서울을 벗어나 각 지방으로 향하고 있다는 점이다. 예전에는 말은 제주로 보내고 사람은 서울로 보내라고 했다. 지방을 떠나 서울로 향하는 것은 성장 기회를 얻기 위한 당연한 수순 중 하나였다.

하지만 이미 서울의 성장이 끝나고 더 이상 청년 세대가 발을

디딜 수 없을 정도로 모든 것이 과밀화되자, 밀레니얼세대는 오히려 지방으로 향하기 시작했다.

기성세대의 뒤를 따라 대기업에서 승진을 하고 임원이 되는 것을 꿈꾸기보다, 비교적 발전이 더딘 곳이더라도 나 개인의 만족스러운 삶을 개척하고자 하는 것이다.

꼭 사회가 정한 안정적인 길을 따르지 않고도 내가 좋아하는 일, 내가 잘할 수 있는 일에서 가치를 찾으면 된다고 여긴다. 꼭 땅값 높은 지역에 내 집을 마련하거나 돈을 많이 벌어 부자가 되지 않아도 내가 행복할 수만 있다면 만족스러운 삶이라고 생각한다.

그래서 회사에만 온전히 집중하지 않고 퇴근 후 부업을 하기도 하고, 혹은 이른 퇴사를 한 후 자그마한 창업을 하기도 한다. 얼마 전 한 유명 가수의 딸도 미국 스탠포드대를 수석 졸업해 좋은 회사에 취직까지 했는데 갑자기 한국에 들어와 창업을 시작했다고 밝혀 사람들의 놀라움을 자아냈다. 예전 같으면 성공이 보장된 듯 보이는 탄탄대로를 이탈한다는 것은 본인에게나 주변 사람들에게나 지금보다 더 쉽지 않은 결정이었을 것이다.

이런 변화는 여행 트렌드에서도 드러난다. 밀레니얼세대는 남들이 다 가는 곳, 가이드북에서 꼭 가봐야 한다고 하는 곳을 찾지 않는다. 관광객들에게 인기 있는 레스토랑에 가거나 유명한 유적지를 구경하는 것보다 최대한 '현지인처럼' 여행하는 방식을 점차 선호하고 있다.

해외까지 가서도 굳이 그 나라의 굽이진 골목길을 걸으며 고양이와 인사하거나 현지인들이 일상적으로 방문하는 허름한 식당에서 밥 먹는 경험을 하고 싶어 한다. 동행 없이 혼자서 낯선 지역에서의 일상을 보내는 사람들도 많아졌다.

다시 말해서 밀레니얼세대는 거창한 성공을 꿈꾸기보다 자신이 구축한 일상 속에서 개별화된 행복을 추구한다는 것이다. 기성세대가 최대한 유망한 조직에서 회사의 성장에 기여하여 점점 더 높은 자리에 오르는 것을 성공이라 여겼다면, 밀레니얼세대는 회사의 성공을 내 성공과는 별개로 생각한다. 밀레니얼세대의 인재를 영입하는 길이 더 이상 회사의 브랜드나 높은 연봉, 승진 기회 같은 것이 아니라는 뜻이기도 하다.

　다른 사람의 시선을 신경 쓰지 않고 나만의 삶을 찾고, 개별적인 성공을 꿈꾸는 밀레니얼세대는 회사의 시스템 안의 일부가 되기보다는 자기답게 살아가는 것을 목표로 삼는다. 기성세대의 리더가 더 많이 노력하고, 경쟁하고, 높은 자리에 올라 노후를 준비하라고 채찍질하는 것은 더 이상 그들의 성공을 위한 조언이 아니게 되었다.

　얼마나 오랫동안 사무실의 자리에 앉아 있는지 따지는 게 회사에의 충성도를 나타내는 지표라고 믿던 시절이 있었으나, 지금은 디지털 장비를 갖추고 장소를 옮겨가며 일하는 일명 디지털 노마드로 살아가는 이들도 생겨났다.

　기성세대가 보기에는 사무실 책상 앞에 앉아 있지 않는 직원이 과연 회사 일을 한다고 할 수 있을지 의아할지도 모른다. 하지만 조직 내에서 자유로운 의견 제시와 소통이 가능한 분위기 속에서 개개인의 능력을 발휘할 수 있도록 시스템이 뒷받침되어야 그들도 그 안에서 보람을 찾고 성장 가능성을 발견하게 될 것이다.

다만 성공을 위해 대기업으로, 서울로 모여 들지 않는 밀레니얼세대에게 로컬의 가치가 높아졌다 해도 아직 지역에는 서울보다 좋은 일자리가 부족한 것이 사실이다. 그래도 그들은 결국 자신이 추구하는 가치와 함께 지역의 가치를 더불어 개척해나갈 것으로 보인다. 아직은 기득권을 쥐고 있는 기성세대가 이러한 변화를 이해하고 함께 긍정적인 변화를 이루어 나가야 한다.

사회 전반에서 성공에 이르는 시스템은 점차 더 가속도가 붙어 바뀌어 나가게 될 것이다. 밀레니얼세대가 조직 내에서 그들의 장점을 발휘할 수 있도록 이끌어주는 것이 앞으로의 기성세대가 할 일이다.

# PART 03

'나 때는 말이야'가 입 밖으로 나올 때

만두 빚지 않는 세대를 만났다

더 이상 주인 의식을 가진 직원은 없다

청춘, 왜 도전하지 않는 것인가

임원은 왜 늘 화가 나 있나요

내로남불은 그만! 입장 바꿔 생각해보면

밀레니얼세대에게는 새로운 리더가 필요하다

+ 세대 갈등은 어디에서 오는가

나 정도면
괜찮은 꼰대
아니야

# 15

## '나 때는 말이야'가
## 입 밖으로
## 나올 때


○●● ◑   회사의 어느 팀 막내는 매주 팀의 주간 업무를
취합하는 일을 맡았다. 매주 월요일 퇴근 전까지 제출해야 하니
적어도 퇴근 한두 시간 전에는 업무 자료가 모여야 한다. 하지만
그것은 막내의 사정일 뿐, 선배들은 매번 자신의 퇴근 시간에 맞
춰 자료를 건네주기 일쑤였다.

결국 선배들의 자료를 기다리다가 월요일마다 늦게까지 남아
야근을 해야 하는 상황. 답답하지만 꾹꾹 눌러 참는 것밖에 방법
이 없어 월요일만 되면 아침부터 벌써 자료 취합이 걱정되곤 했

다. 그러다 하루는 옆자리 여자 선배가 툭 하고 한 마디를 건넸다.

"많이 힘들지?"

별 의미 없이 던진 말인데 왜 갑자기 눈물이 울컥 하고 터졌는지 모를 일이었다. 서럽게 눈물을 쏟아내는 막내를 보고 상황을 알게 된 팀장이 그제야 팀원들을 소집했다. 결국 회의를 통해 팀의 주간 업무를 취합하는 일은 팀장이 직접 맡는 것으로 결론이 났다.

하지만 회의가 끝난 후 한 선배는 막내를 격려했던 선배에게 슬쩍 말을 건네며 미간을 찌푸렸다.

"나 때는 저런 걸로 울고 그러치 않았는데. 요즘 애들은 별것도 아닌 거 가지고 힘들다고 하더라?"

아마 밀레니얼세대에게 들려주면 '전형적인 꼰대'라고 할 만한 발언이다. 꼰대란 기성세대의 방식대로 권위적인 사고를 하거나 강요하는 어른들을 비하하는 용어다.

기성세대는 아무렇지 않게 '나 때는~' 하고 내 경험과 비교하여 다른 이를 가르치려고 하는 경우가 많았다. 그러나 이미 지난 시절의 경험을 기준으로 삼아 나와 다른 반응을 부적절한 것으로 일방적인 결론을 내려 버리는 어른들은 이제 꼰대 취급을 받는다.

어려운 시절을 극복해 비로소 좋은 시절을 성취했다 여기는 기성세대는 자신의 경험을 기꺼이 전시하고 싶어 한다. 하지만 지나치게 과거의 경험에 얽매여 있으면 더 좋은 미래를 발견하기 어렵고 밀레니얼세대는 일방적인 훈계에 귀 기울이지 않는다. 그렇다면 '꼰대짓'을 하지 않고 어떻게 후배들을 지켜보고 가르쳐야 할까?

사실 예전에는 직장 상사를 꼰대라 생각해도 쉬쉬하는 분위기였다면 요즘에는 오히려 스스로 꼰대가 되지 않았는지 점검하기도 하고, 꼰대의 존재를 인정하고 어떻게 공존해 나갈지 해법을 모색하는 분위기에 가까운 듯하다.

그래서 '젊은 꼰대'나 '30대 꼰대'라는 말이 나오기도 했다. 젊은 사람들 사이에서는 '요즘 꼰대들은 스스로도 꼰대인 걸 안다. 대신 자기는 괜찮은 꼰대인 줄 안다'는 우스갯소리가 돌기도 한다.

"이런 것쯤은 참아내고 해야 나중에 임원도 달지."

언뜻 걱정해주는 것 같으면서도 결국 '나처럼 살아라'를 강요하고 있는 꼰대들의 말에 밀레니얼세대는 오히려 반발심을 느낀다. 애초에 회사에서 잘 버텨 임원이 되는 것이 목표가 아니기 때문이기도 하고, 그들이 살던 고성장 시대와 지금의 저성장 시대의 차이를 전혀 감안하지 않는 말에 은연중의 답답함을 느껴서이기도 할 것이다.

'스티브 잡스는 자기 집 차고에서 창업했는데, 요즘 애들은 노력을 안 한다'고 말하는 기성세대에게 밀레니얼세대는 '저희는 집이랑 차가 없는데요?'라고 답할 수밖에 없다.

기성세대가 젊을 때는 일단 대학을 졸업하면 취업하여 사회의 일원이 되고, 정해진 틀대로 착착 성장해 나가기가 비교적 쉬운 시대였다. 경제 성장률이 10%대를 기록하던 때다. 하지만 지금은 그보다 1/4 이상 성장률이 떨어졌다.

김영하 작가는 청춘들에게 '90년대 초까지는 취업 걱정이 없었다. 낭만을 즐겨도 되는 시대였으며, 작가가 된다고 해도 설마 밥 굶을 거라는 생각을 안 했던 시대다'라며, '그러나 이제는 기대 감소의 시대. 길고 지루한 저성장의 시대이며, 점점 나빠질 것'이라는 현실을 지적하기도 했다.

배경이 그렇다 보니 기성세대의 성공 경험은 밀레니얼세대에게 본받을 만한 것으로 와 닿기 어렵다. 게다가 기성세대의 경험은 대부분 엄격한 수직적 조직 문화에 바탕을 두고 있으나 밀레니얼세대는 관료제적 조직 구성을 불편한 것으로 여기는 경우가 많다.

결국 '요즘 애들'에게 필요한 길잡이가 되어줄 존재가 오로지 자신이 살아온 시대 경험을 기준으로 훈계하는 '꼰대'가 아니라는 것만은 분명하다.

우리가 정말 현명한 것을 물려주고 교감하며 소통하기 위해서는 꼰대 대신 어른다운 어른이 되어야 한다. 단순히 젊은 사람들이 쓰는 신조어를 흉내내거나, 그들처럼 옷을 입는다고 해서 세대차이가 없어지는 것은 아니다.

나도 사실 어릴 땐 미성년자를 벗어나 취업을 하고 결혼해서 아이를 낳으면 저절로 어른이 되는 줄 알았다. 아마 다들 그랬을 것이다. 하지만 나이를 먹었다고 해서 경제적으로 큰 부를 지니고 있다고 해서 혹은 자식을 낳아 기른다고 해서 모두 어른 대접을 받는 시기는 지난 것 같다.

흔히 우리가 부르는 '어른'이란 자기의 모든 일에 책임을 질 수 있는 사람, 나이나 신분과 지위가 높은 사람을 말한다. 그런데 세대 격차가 커지면서 어른이 권위적인 사고방식을 갖거나 혹은 구태의연한 사고방식에서 벗어나지 못하는 일명 '꼰대'가 되는 경우가 늘어난 듯하다.

더구나 백세 시대에 들어서면서 우리가 어른으로 살아갈 날은 더욱 길어졌다. 그러니 어떤 어른이 될 것인지, 어떻게 더 좋은 어른이 될 것인지에 대한 고민이 필요하다.

그렇다면 우리 사회에서 공감하는 어른의 조건은 무엇일까? 낡은 꼰대가 아닌 멋진 어른을 꿈꾸는 우리는 어떤 어른이 되어야 할까? 우선 어른으로서 대우를 받는 것을 중요하게 여기기보다 마음속에서 우러나 존경할 수 있는 어른이 되어야 하지 않을까 싶다.

내가 앞서 경험한 것이 모두 다음 세대에게 교훈이 되리라고 믿기보다, 그들이 스스로의 교훈을 찾아 나설 수 있도록 든든한 지원군이 되어주는 것이다.

하지만 요즘 시대에 이런 어른이 얼마나 될까 회의적인 생각도 든다. 그럼에도 어른이 먼저 바뀌어야 하는 이유는, 조직에서 이미 고위직을 맡고 있는 어른들이 변화를 이끌어야 실질적으로 그것이 가능하기 때문이다.

경험과 인맥, 재력 모두를 가지고 있는 어른이 먼저 변화해야 겠다는 각오로 행동에 옮긴다면, 긍정적인 방향으로 향하게 될 수 있지 않을까? 우리는 누구나 다 나이가 들고 어른이 된다. 어른을 무시하는 젊은 세대를 비난하기 전에, 한 번쯤 어른이 된 자신을 돌아보고 살피는 시간을 가져보면 어떨까 싶다.

변화는 막을 수 없고, 변화에 능동적으로 대처할 줄 아는 것 또한 이 시대 진정한 어른의 모습일 것이다. 변한 것은 밀레니얼 세대가 아니라 시대 자체라는 것을 이해해야 한다.

다르다고 해서 밀레니얼세대가 무언가를 배우고자 하는 의지조차 없는 것은 아니다. 다만 세대 차이를 극복하고 진정으로 소통하기 위해서는 그들에게 먼저 다가가 이해하며 공감할 수 있어야 한다. 기성세대가 솔선수범한다면 빠르게 변화하는 시대에 세대 간의 견고한 벽을 허무는 데 하나의 계기가 될 수 있으리라 믿는다.

# 16

## 만두
## 빚지 않는
## 세대를 만났다

○●●◐    어릴 때 우리 집은 온 가족이 모여 만두를 빚었다. 밀가루를 반죽해서 만두피를 만들고, 고기와 채소를 섞어 반죽한 소를 동그랗게 피 안에 넣어 가장자리를 붙였다. 부모님은 '나가서 사 먹는 건 비싸고 지저분하다'고 입버릇처럼 말씀하시곤 했다.

하지만 내가 나이가 들고 사는 게 바빠지다 보니 만두를 집에서 일일이 빚는 것은 너무 번거로운 일이었다. 최소한 만두피라도 사서 만들면 편할 텐데, 그렇게 말하면 엄마는 질색을 하며 고개를 저었다.

요즘 건강하게 잘 만들어 파는 식품이 얼마나 많은데... 왜 어른들은 사 먹는 건 무조건 안 좋다는 편견에서 벗어나지 못하는 걸까?

시대는 빠르게 변하고 있다. 일 년에 두 번 있는 명절도 더 이상 예전처럼 민족의 대축제로 여겨지는 분위기가 아니다. 오히려 전통을 중시하는 기성세대의 문화와 불합리한 희생과 참견을 받아들이고 싶지 않은 청년 세대의 갈등이 점점 더 첨예해지는 추세다.

빠른 변화의 속도 탓에 차근차근 변화를 수용할 시간이 부족해서 생기는 일일 것이다. 누군가가 중요하게 여기던 가치관이 누군가에게는 아무것도 아닌 일이 되어 버리고, 그에 대한 사회적 합의도 채 이루어지지 않아 자꾸만 부딪치기만 한다.

각기 다른 세상을 기반으로 살아온 탓에 세대 간의 간극이 멀어지는 것은 조직 내에서도 마찬가지다. 특히 회사에서는 일한 지 10년, 20년 된 상사와 이제 막 성인이 된 부하직원이 하나의 시스템을 공유하면서 일해야 한다. 그러니 젊은 세대는 기성세대를 답답해하고, 기성세대는 젊은 세대의 사고를 '사회생활을 통 몰라서 그러는 애들' 취급을 하기 십상이다.

단군 이래 가장 스펙이 좋은 세대라는데도, 기성세대가 영위해온 방식대로 일하지 않으니 스펙을 실감하기보다 속이 터질 일이 더 많은 셈이다.

하기야 기성세대가 보기에는 의아한 점이 한두 가지가 아닌 것도 사실이다. 건강한 집밥 대신 반찬을 사먹고, 티끌이라도 모아 태산을 만들어도 모자랄 판에 해외여행을 다닌다고 버는 족족 돈을 써버리고, 상사의 눈치를 보지 않고 퇴근하는 막내 직원의 모습까지 이해를 해야 할지 인정을 해야 하는 건지 도통 그 속을 알 수가 없다.

얼마 전 칸타타 콘트라베이스 광고에서는 젊은 세대를 대하는 기성세대의 당황스러움과 그것을 받아들이는 새로운 반응을 보여주며 '속 시원한' 상황을 드러냈다.

팀장은 '오늘 고생했으니...'라고 말을 꺼내다가 '막내 먼저 퇴근해 보겠습니다!'라고 훅 들어오는 직원에게 당혹감을 감추고 흔쾌히 고개를 끄덕인다. 뒤이어 '시대도 커피도 바뀌었다'는 카피가 등장한다.

아마 팀장은 '오늘 고생했으니 저녁 회식이라도...'라는 제안이라도 하려던 참인 것 같지만 밀레니얼세대 직원은 오늘 수고했으니 얼른 퇴근해서 나만의 휴식 시간을 가지고 싶을 뿐이다.

그렇다. 확실히 시대는 변했다. 그러나 이러한 시대 배경의 '다름'이 세대 소통을 가로막는 장벽이 되어서는 안 될 것이다. 게다가 요즘 말하는 밀레니얼세대는 지금까지 사회에 한 번도 없었던 방식으로 자라났다.

더 이상 과거를 바탕으로 배우는 것이 아니라 아예 백지부터 새로운 바탕에 디지털을 기반으로 한 자신들만의 방식을 쌓아가기 시작한 것이나 마찬가지인 세대다. 따라서 변한 시대를 받아들이는 첫 걸음은 일단 우리의 다름을 인정하는 것이다.

내 주변의 한 젊은 부부는 아기를 낳지 않고 살기로 한 딩크족이다. 예전에는 아이가 자라서 어른이 되면 당연히 결혼을 하고 아이를 낳아 기르는 것인 줄 알았는데, 요즘에는 다양한 선택지를 자연스럽게 받아들이는 신혼부부가 많아진 듯하다.

하지만 기성세대가 보기에는 또 그게 그럴 수 있는 일로 느껴지지가 않는다. 아무리 그래도 아이를 낳아야 하지 않겠느냐는 시아버지의 말에 그 며느리는 이렇게 답했다고 한다.

"어른이 살아보니 말이야, 아이 낳고 기르는 보람을 느끼는 게 결국 인생의 정답이더라. 그게 행복이고, 옳은 길이기 때문에 너희에게 알려주는 거야."

"그게 아버님 세대에는 행복해지는 방법이고 정답이었을 거예요. 그런데 시대가 바뀌는 데도 정답이 그대로일까요?"

결혼한 자식 부부가 제사는 그만 지내자 아니면 적어도 음식을 사다가 간편하게 지내자고 말해도 '내가 죽기 전까지는 무슨 일이 있어도 제사를 챙길 것'이라고 고집하는 부모가 많다. 기성세대는 자신들이 믿어온 '당연한 것'에 의문을 제기하는 것을 거부할 뿐만 아니라 다른 의견을 아예 들으려고조차 하지 않기도 한다.

하지만 이미 집밥보다 외식이 효율적이라고 생각하는 세대, 만두를 빚지 않고 김치까지 사먹는 세대는 등장했다. 막으려야 막을 수 없는 흐름이 되었다.

시대가 달라졌기에 정답도 바뀌고 있는 지금, 그렇다면 도대체 우리는 어떻게 소통하고 무엇을 물려줘야 하는 걸까? 기성세대는 사회 대부분의 결정권과 기득권을 가지고 있다. 그들의 방식이 지금까지의 성장을 이끌고 부와 권력을 쌓아왔기에 더 이상 변화를 받아들이지 않고 자신들의 견고한 틀에 모든 것을 맞춰 넣고 싶어 한다. 동시에 젊은 사람들이 세상 물정을 모르고 현실에 안주한다고 비판하기도 한다. 하지만 4차 산업혁명과 더불어 미래를 이끌어갈 새로운 기술을 받아들이고 있는 것은 밀레니얼 세대다. 오히려 그들에게 배워나가야 하는 점이 있다는 걸 인정해야 한다.

베트남 축구팀 감독을 맡은 박항서 감독은 그들을 가르치기 이전에 먼저 23세 이하의 젊은 팀원들의 문화에 대해 배우고, 그들 개인의 특성을 이해하려고 노력했다고 한다.

그 결과 약체로만 평가되던 베트남 팀을 이끌어 2018 아시아 축구연맹 U-23 챔피언십에서 준우승의 쾌거까지 이룩하지 않았던가. 만약 그들에게 20년 전, 30년 전에 적용했던 수직적인 서열 문화를 가르치고 강요했다면 결과는 전혀 달라졌을지도 모른다.

현재 조직을 이끌어가고 있는 기성세대가 그들이 이끌어야 할 밀레니얼세대를 마주할 때 변화를 두려워하지 않고 마음을 열어 도전하고 수용하는 자세가 필요하다. 물론 경험이나 노하우가 부족한 부하직원을 가르치거나 혹은 질책해야 할 때도 있을 것이다. 하지만 상대방이 나에 대해 충분히 이해하고 공감한다고 느낄 때 그런 가르침을 더 진지하게 수용할 수 있는 법이다.

'요즘 젊은 것들은 노오력이 부족해'라고 단정 짓는 꼰대 상사의 '내가 해봐서 아는데' 혹은 '우리 때는 이런 건 상상도 못했어, 너희는 복 받았다' 같은 훈계는 기분만 나빠질 뿐이다. 이제 새로운 조직 문화와 그 속에서 적응한 새로운 리더가 등장해야 한다.

# 17

# 더 이상
# 주인 의식을 가진
# 직원은 없다

○●●◐　사회에 첫 발을 내딛은 신입사원들이 회사에서 많이 듣게 되는 이야기 중 하나가 바로 '주인 의식을 가지라'는 것이다. 기성세대에게 '주인 의식'이라는 말은 별다른 거부감 없이 오히려 회사의 일원으로써 사명감마저 느끼게 해주는 단어였다.

하지만 요즘의 신입사원들에게 주인 의식은 이미 오래되고 낡은 옛 조직 문화의 잔재일 뿐인 것 같다.

회사는 직원들이 회사가 내 것이라고 생각하고 적극적으로 일하기를 바라지만 직원들은 아무리 열심히 일해도 이 회사가 내 것이 될 수는 없다는 것을 잘 알고 있다.

그렇다면 이제 이 땅 위에 애사심이라는 개념은 사라진 것일까? 꼭 그런 것만은 아니다. 예전에는 날 뽑아준 회사에 감사하며 몸 바쳤다면 밀레니얼세대는 그들 역시 마음에 드는 회사를 고르고 선택하는 것일 뿐이다.

최근에 한 스타트업 회사 인터뷰를 봤는데, 그 회사는 직원들의 만족도가 매우 높다고 한다. 핵심 포인트는 꼼꼼한 복지 시설에 있었다. 직원들이 언제든지 자율적으로 쉴 수 있는 휴게실이 구비되어 있고 오후 5시 이후에는 주류와 간식이 무한 제공된다. 하루 업무를 마치며 회사에서 피로를 풀 수 있는 환경까지 배려한 것이다.

직원들은 회사가 잘될수록 나에게 돌아오는 혜택이 커진다고 생각하게 되고, 실제로 이 회사의 매출이 엄청나게 늘었다고 했다. 회사의 성장은 개인의 발전과 이익으로 돌아오고, 개인의 만족감은 다시 회사에 대한 기여로 돌아가는 선순환이 이루어지는 셈이다.

국내 배달서비스 앱 1위인 〈배달의 민족〉을 운영하고 있는 회사 '우아한형제들' 역시 다소 파격적인 복지와 더불어 성공적인 스타트업으로 손꼽힌다. 이 회사는 '퇴근할 땐 인사하지 않습니다'라는 슬로건을 걸고 눈치 보지 않고 정시 퇴근할 수 있는 문화를 정착시키는 데 앞장섰다. 월요일에는 오후에 출근하는 주4.5일제를 도입했고, 개인적인 기념일에는 4시 퇴근을 허용하기도 하고, 주 35시간 근무제를 발표하며 상당히 자율적인 근무 여건을 만들어 나갔다.

개인의 자기성장을 위해 도서비를 무한 지원하고, 분기별로 각계 저명인사를 초청하여 강연을 진행하기도 한다. 놀러 오는 곳도 아닌데 이렇게 해서 회사가 돌아갈까 싶지만, 김봉진 대표는 '이런 제도들이 업무 효율성과 생산성을 떨어뜨리지 않으며, 여전히 여러 성과들을 만들어가고 있다'고 밝혔다.


주어진 근무 시간을 초과하지 않는다는 것은 중요한 문제다. 업무를 빠르고 정확하게 처리하는 개인의 역량뿐만 아니라 조직 내의 효율적인 시스템이 뒷받침되어야 가능하다.

내 지인은 신입사원 시절에 6시에 퇴근을 하면 회사 대표가 '일이 한가한가 보네' 하고 꼭 한마디씩 던졌다고 한다. 정해진 시간에 퇴근하기 위해 기껏 온종일 열심히 일한 사람에게 의욕을 뚝 떨어뜨리는 말이었다.

그 대표는 회사에 늦게까지 남는 직원을 '일 잘하는 직원'이라고 평가했다. 야근을 할수록 좋은 직원이라 여기는 회사의 분위기는 결국 모두에게 야근을 부추기는 결과를 낳고, 어차피 야근을 해야 하기 때문에 굳이 근무 시간 내에 업무를 마치려는 의지는 줄어들게 만들었다. 결국 회사에 남아 있는 시간은 길지만 회사가 원하는 '주인 의식' 따위는 생길 리 없는 것이다.

밀레니얼세대가 가고 싶어 하는 회사는 무조건 큰 대기업도 아니고 돈만 많이 주는 회사도 아니다. 급여가 높더라도 워라밸이 무너지거나 발전 가능성이 없다면 그들은 회사를 외면한다. 좋은 인재를 영입하기 위해서는 그만큼 좋은 회사가 되어야 한다는 뜻이다.

직원들이 회사에 대한 애정과 열정을 가지고 있다면 굳이 비효율적인 야근을 늘리지 않아도 성장 가능성이 높아지기 마련이고, 그러기 위해서는 어떤 직원을 뽑느냐보다 어떤 회사가 되어야 하느냐부터 다시 고민해볼 필요도 있는 것이다.

나도 강연 프로그램이 있어 2박 3일 워크숍을 다녀와 후기를 들어보면 프로그램의 퀄리티보다 환경적인 불만을 기억하는 사람들이 많다. 환경이 지저분하거나 에어컨이 나오지 않거나 다과가 제대로 준비되어 있지 않으면 워크숍 자체에 대한 신뢰나 만족감이 떨어진다.

그럴 때면 워크숍을 진행하는 데 있어서 환경적인 요인까지 조금만 더 신경 쓰면 강의에 대해서도 훨씬 좋은 기억을 남길 수 있을 텐데 하고 사소한 소홀함이 아쉽게 느껴지곤 한다.

그렇다고 무작정 자율적인 근무나 복지 환경 개선을 하는 것만이 대안이 되는 건 아니다. 전반적으로 비효율적인 요소를 개선하고 주도적으로 일할 수 있는 시스템을 갖추는 것이 먼저 기반이 되어야 할 것이다.

보여주기 식으로 직원들을 어르고 달래는 복지가 아니라 진정한 주인 의식 아니 진정한 책엄 의식과 자기 주도성을 발휘할 수 있도록 뒷받침해주는 환경이 되어야 한다.

어차피 앞으로 필연적으로 함께하게 될 밀레니얼세대는 주인 의식을 지니고 회사에 몰입하기보다는 개인이 함께 성장하고 만족할 수 있는 회사를 원한다. 주어진 일에 책임감을 지니고 최선의 결과를 내기 위해 노력할 때, 그 결과가 개인의 삶의 질 향상으로 돌아오기를 바란다.

이를 위해 기성세대가 '주인 의식을 가져라' 하고 강요하는 것은 아무런 도움이 되지 않는다. 대신 그들이 자신의 역량을 발휘할 수 있도록 이끌어 주고, 성과를 냈을 때 그 지점을 정확하게 칭찬하며 북돋아주는 분위기 속에서 개개인의 업무 역량은 더욱 향상될 수 있다.

# 18

# 청춘,
# 왜 도전하지 않는
# 것인가

○ ●● ◐　　정확히 오후 6시가 되자 신입사원이 제일 먼저 자리를 박차고 일어나더니 '먼저 퇴근하겠습니다' 꾸벅 인사를 하고 사무실을 나선다. 그 뒷모습을 보는 심기가 썩 곱지는 않지만 그렇다고 가는 사람을 붙잡을 수도 없으니 입술만 꾹 닫고 모니터를 바라볼 뿐이다.

요즘에는 취업하는 것도 예전보다 힘들어졌다고 난리들인데, 막상 어렵게 들어온 회사에서는 왜 열정을 불태우지 않고 쉽고 편하게 시간만 때우고 싶어 하는 걸까? 아마 많은 기성세대가 밀레니얼세대를 바라볼 때의 기분일 것이다.

요즘엔 결혼도 하지 않고 아이도 낳지 않겠다는 젊은 세대들도 늘었다. 나 하나도 잘 먹고 잘 살기 어려운데 가정을 꾸리고 구성원을 위해 희생하고 싶지 않다는 생각을 많이들 하는 것 같다. 로또라도 당첨되어 믿는 구석이 생기지 않는 이상 불확실한 미래에 뛰어들고 싶지는 않은 것이다.

아이를 키우려면 일은 계속해야 하는데, 일을 하면 아이를 봐줄 곳도 없다. 회사에서 배려해주는 제도가 있다지만 자유롭게 사용하기에는 눈치가 보일 수밖에 없다. 힘이 들 수밖에 없는 과정이 뻔히 보이니 미래의 불확실한 행복보다 당장 누릴 수 있는 소확행을 선택하겠다는 것이다.

그런 젊은 세대를 바라보는 기성세대는 대부분 마뜩치 않은 시선을 보낸다. 싫어도 참을 줄도 알고 젊은 패기로 일단 부딪쳐 볼 줄도 알아야 하는데, 요즘 젊은 것들은 이기적이고 도전 정신이 없다고 생각하는 것이다.

하지만 밀레니얼세대는 '왜 도전하라고 하느냐'고 도리어 묻는다. 도전한다고 뭐가 바뀌는 것도 아니고, 도전해서 성공한다

한들 위험 부담만큼의 보상이 돌아오지도 않는다고 생각하기 때문이다.

그들은 '아프니까 청춘이다'라고 말하는 기성세대에게 '아프면 환자일 뿐'이라고 반박한다. 부모 세대보다 가난할 것이라 예측되는 이들에게 그럼에도 불구하고 아픔을 견뎌내고 노력하라는 채찍질은 더 큰 좌절을 느끼게 할 뿐이다.

아무리 열심히 일해도 서울에 집 한 채 살 수 없는 것이 현실인데, 아등바등 일하는 것보다 조금이라도 행복한 삶을 찾고 싶은 것이다. 그래서 밀레니얼세대는 아예 집을 사려는 욕심을 버리고 그저 거주하는 공간일 뿐이라고 여기기도 한다.

꼭 내 돈을 주고 장만할 필요 없이 옮겨 다니며 그때그때 여건에 맞는 집에서 살거나 렌트를 하면 된다고 생각한다. 이런 현상에 대해 밀레니얼세대가 도전 정신이 없고 무기력하다고 비난할 수 있을까?

'노오력'으로 현실을 대단히 바꿀 수는 없다는 걸 우리는 알고 있다. 집조차 구할 수 없는 현실을 상대로 내가 누릴 수 없는 것을 얻기 위해 노력하는 과정에서 자신을 밑도 끝도 없이 소진

시켜야 할지도 모른다. 무엇보다 아랫세대에서 윗세대로 변화를 주도하는 것은 어렵다. 다음 세대에게 물려주고 싶은 유산이 있다면 지금 기성세대부터 바뀌어야 하는 것이 옳다.

회사원 S씨는 얼마 전에 이런 경험을 했다. 자신이 속한 팀에서 한 프로젝트를 맡게 되었는데, 역할을 나누고 일을 진행하는 과정에 의문이 생겼다. 그래서 과장에게 '그건 너무 올드한 방식인 것 같아요. 이렇게 진행해 보면 어떨까요?' 하고 제안했다. 과장이 그 의견을 부장에게 보고했지만 결론은 '하던 대로 하자'는 것이었다. 검증되지 않은 방법을 새로 시도하는 것은 위험 부담이 있으니 괜히 도전하지 말고 원래대로 하라는 것이다.

기성세대에서도 쉽게 변화를 받아들이려 하지 않으니 막상 의욕 있게 나선다 해도 지금의 조직 문화 속에서는 벽에 가로막히는 일이 많다. 힘들게 취업했으니 보람을 느낄 만한 일을 하고 싶은데, 회사에서 내가 할 수 있는 일에 한계가 또렷하고 불필요한 절차의 부속품일 뿐이라는 느낌이 든다면 의욕이 줄어들 수밖에 없다.

기성세대는 밀레니얼세대가 자기에게 주어진 일만 할 뿐, 앞장서서 나서거나 총대 메는 법이 없다고 비판할지도 모른다. 승진 적체와 구조조정을 목격하며 자라온 밀레니얼세대는 실제로 조직을 위해 내 인생을 희생하고 싶어 하지 않는다.

실제로 한 설문조사에 따르면 밀레니얼세대인 20대의 44.6%가, 30대의 35.2%가 진급에 신경 쓰지 않는다고 밝혔다. 그들은 직장 생활을 오래 할 생각도 없고 또 승진에 대한 욕심도 없다고 답했다. 직업을 가질 뿐 직장에 큰 의미를 두지 않는 성향이 반영된 것으로 보인다.

하지만 그렇다고 밀레니얼세대가 그저 무기력한 체념에 빠져 하루하루를 보내는 것은 결코 아니다. 막상 조직 밖에서는 다양한 일을 시도하고 도전하는 사례도 무척 많다.

다만 내 집 마련이 어려워진 사회에서 다른 종류의 행복을 찾아 살아남듯이, 자신의 역할을 확장하거나 자유롭게 성취하기 어려운 조직 내에서 더 이상의 시도를 할 수 없을 뿐인지도 모른다. 이들은 회사가 내 인생의 일부일 뿐이라고 여기며 업무 외 나머지 시간을 자유롭게 활용하여 삶의 만족도를 높이고 싶어 한다.

그렇다고 해서 밀레니얼세대가 정말 이기적인 걸까? 그들은 이기주의가 아니라 개인주의라고 답한다. 누군가에게 폐를 끼치는 것도 아니고, 그저 나 자신을 위해 행동하고 그 행동에 책임을 지는 삶의 방식일 뿐이다.

어찌 보면 청춘은 아파도 괜찮다고 채찍질하고 밀어붙이는 것이 도리어 이기적인 태도는 아닐까? 밀레니얼세대만 탓할 것이 아니라 기성세대도 우리가 만든 세상과 당장 자신이 속해 있는 조직 문화에 대한 책임을 돌이켜볼 필요가 있다.

# 19

# 임원은
# 왜 늘 화가 나
# 있나요

○ ●● ◎ 　몇백 명의 직원들이 들어오는 대기업 강연을 하러 갈 때가 있다. 나는 그 앞에 서서 가끔 임원급의 중년 수강생 한 명을 불러 내가 선 자리에 서 보도록 권유한다. 처음에는 무슨 의미인지 몰라 어리둥절하던 분들도 곧 내가 말하고자 하는 바를 눈치 채곤 한다.

강연의 맨 앞에서 모두의 얼굴을 둘러보면, 다들 무표정이거나 왠지 화가 난 듯한 얼굴을 하고 있다. 특히 나이가 많고 직급이 높을수록 그렇다.

그럴 때는 일단 옆자리 직원과 인사부터 하자고 제안한다. 한 직장에서, 심지어 한 부서에서 일하면서도 서로의 이름조차 모르는 경우가 많기 때문이다.

잘 모르는 사람과 옆자리에서 두어 시간 동안 강연을 들으려면 어색하고 서먹할 수밖에 없다. 초반에 서로 몇 마디 대화를 하거나 간단한 게임으로 분위기를 풀어주면 훨씬 강연 분위기에 생동감이 생긴다.

우리는 하루에 다른 사람의 얼굴을 얼마나 마주볼까? 한 통계에 따르면 내 얼굴을 스스로 보는 시간은 약 30여 분에 불과한 데 비해, 타인이 내 얼굴을 보는 시간은 잘 때를 제외하고 거의 17시간에 이른다고 한다. 그렇다면 다른 사람이 나를 보고 있을 때 나는 주로 어떤 얼굴을 하고 있을까?

표정에 대한 간단한 게임을 해보자. 옆 사람과 서로 코 아래의 얼굴을 가리고 눈만 마주본 채 아래 네 가지 항목 중 서로가 의도한 감정이 어디에 해당되는지 맞춰보는 것이다.

눈빛만으로 서로의 감정을 쉽게 알 수 있을 것 같기도 하고, 알 수 없을 것 같기도 하다. 아마 막상 시도해 보면 결과는 또 새로울 것이다. 평균적인 실험 결과를 소개한다.

---

· 사랑하고 감사하는 기분   1.4%

· 즐겁고 기쁜 기분   10.5%

· 화나고 짜증나는 기분   81.7%

· 슬픈 기분   6.5%

---

'사랑하고 감사하는 기분'을 알아챌 확률은 1.4%에 불과한 데 비해서 '화나고 짜증나는 기분'을 상대방이 맞출 확률은 무려 80%가 넘는다. 즉 화를 내고 있거나 짜증이 나 있을 때에는 내가 굳이 말하지 않아도, 눈빛만 보고도 상대방이 내 기분을 쉽게 알아차린다는 것이다. 반면 긍정적인 감정은 눈빛만으로 알기 어려워 말이 함께 표현되어야 상대방이 알 수 있다.

조직 내에서 여러 사람이 함께 생활할 때에는, 특히 서열 관계가 있는 조직 내에서는 정말 중요한 문제다. 직급이 높은 사람이 부정적인 표정을 드러내고 있으면 팀원 전체가 눈치를 볼 수밖에 없기 때문이다.

그런데 직장 내 기성세대들은 특히 표정이 다양하지 않은 경우가 많다. 심지어 외국인들은 우리나라 사람들을 볼 때 50대 이상은 모두 똑같이 생겼다고 말한다. 모두 무표정을 하고 있기에 더욱 그렇게 느끼는 것이다.

실제로 밀레니얼세대가 조직 내에서 활발하게 의사 표현을 하기 어려운 원인 중 하나로 상사들의 경직된 얼굴을 꼽기도 한다. 쉽게 받아들일 것 같지 않아 무슨 의견을 내기 어려울 뿐 아니라 무슨 의견을 내도 표정이 좋지 않으면 괜히 무시하고 구박할까 봐 겁이 난다는 것이다.

내 주변의 회사원 B씨는 신입사원 때 바로 위의 사수가 기분파라서 힘들었던 사연을 털어놓기도 했다. 어떤 날에는 정말 상냥하게 하나부터 열까지 가르쳐주고, 어떤 날에는 인사를 해도 무뚝뚝하게 고개만 까딱하는 통에 그의 기분을 맞추는 스트레스가 회사 일을 배우는 어려움보다 훨씬 컸다고 한다. 기분이 안 좋아 보일 땐 궁금한 게 있어도 쉽게 질문할 수도 없고, 할 일이 없어도 퇴근하지 못하고 눈치를 보며 기다리기 일쑤였다는 것이다.

권위적인 조직 문화에 익숙한 기성세대는 자신을 표현하는 데 익숙하지 않아 항상 화가 나 있는 표정처럼 보이기도 한다. 예전에는 '남자는 태어나서 딱 세 번만 울어야 한다'는 말을 흔히 할 만큼 솔직한 감정 표현을 억누르는 사람이 많았다. 그러다 보니 더더욱 감정 표현을 어려워하는 경향이 있는 듯하다.

평소 내가 혼자 있을 때 짓는다고 생각하는 가장 감정 없는 표정을 짓고 거울을 들여다보자. 생각보다 얼굴이 딱딱하게 굳어 있다는 걸 발견하게 될 것이다. 페이스 요가를 하는 것처럼 일부러라도 입을 크게 벌리고 '아에이오우' 하고 움직여 보면, 얼굴 근육이 부드럽지 않고 경직되어 있다는 사실도 느낄 수 있다.


우리가 다른 사람과 커뮤니케이션을 하는 데에 있어 언뜻 생각하면 '말'이 가장 중요할 것 같지만 사실 말보다 비언어적인 표현이 더 많은 비중을 차지한다.

실제로 언어를 통한 의사소통은 약 7%에 불과하고 목소리 톤이나 억양, 표정, 몸짓 등의 비언어적인 요소로 인한 소통이 약 70% 이상을 차지한다는 연구 결과도 있다. 똑같은 '안녕하세요'라는 인사 한 마디를 건네더라도 그 문장이 담고 있는 수많은 의미를 순간적인 표정이나 억양으로 알아챌 수 있다는 뜻이다.

실제로 취업 면접 때에는 인사담당자 대부분이 지원자의 '인상'을 중요한 요인 중 하나로 꼽는다. 일반적으로 인상이 사납거나 웃음기 없이 무표정한 얼굴을 하고 있으면 감점 요인이 되는 경우가 많다.

그만큼 정서적으로 밝고 다양한 감정 표현을 하는 사람에게 높은 점수를 주면서도 정작 입사한 후에는 모두가 모나지 않고 튀지 않게 일하기를 원한다. 그러다 보니 회사를 오래 다니면서 다들 표정이 사라져가는 것 같다.


상대방의 이미지를 결정하는 데 있어 시각적인 것은 무척 중요하다. 표정, 제스처, 몸놀림과 태도, 자세 등 이런 것이 관계의 첫 인상을 결정하기 마련이고, 아침에 서로의 얼굴을 마주봤을 때 오늘의 첫 기분을 결정하기도 한다.

상사에게 무언가 질문을 했는데 그의 얼굴빛이 안 좋다든가 평소와 달리 '그 정도는 네가 알아서 처리해' 하고 핀잔을 준다든가 해서 덩달아 부정적인 하루를 보내 본 경험이 있을 것이다. 단순히 개인적인 사정 때문에 기분이 나빴을 수도 있고 그때그때 별 생각 없이 대꾸한 말일 수도 있지만, 특히 팀을 이끌어가는 기성세대가 이런 반응을 보인다면 그 한마디가 팀 분위기를 전체적으로 좌우하게 된다.

사실 조직 내에 적응하기 힘들어하는 사회초년생의 대부분이 알고 보면 대화 방법에 어려움을 겪고 있다. 의도는 그렇지 않은데 서로의 마음과 달리 오해가 쌓이고 벽이 점차 높아질 수 있기 때문에 기성세대와 밀레니얼세대가 함께 노력해야 하는 부분이다.

무조건 '저 세대는 원래 저래'라면서 마음을 닫지 말고 표정부터 밝게 보여주며 다가가면 어떨까. 표정과 분위기만 바꿔도 조직 내의 인간관계가 스트레스가 아니라 오히려 활기를 주는 긍정적인 요소가 되도록 이끌 수 있을 것이다. 변화는 아주 작은 데서부터 시작되기 마련이다.

# 20

## 내로남불은 그만!
## 입장 바꿔
## 생각해보면

○ ◕ ◔　　얼마 전까지 10대 학생들 사이에서 유행하던 '급식체'가 사회적인 문제로까지 지적되며 화두에 오르곤 했다. 무슨 말인지 알아듣지 못할 만큼 생소한 언어를 사용하고 있어 세대 소통을 방해하는 것은 물론 한글 문법 파괴까지 우려된다는 지적이었다.

하지만 이에 대해 반발하는 의견도 있었다. 생각해 보면 지금의 30대도 청소년 시절에 온갖 문자를 활용하여 새로운 그들만의 은어와 신조어를 사용하지 않았느냐는 것이다. 당시 '귀여니'

의 인터넷 소설이 인기를 끌며 문장 안에 이모티콘을 넣어 사용하는 말투도 유행했다. 그때도 어른들은 국어 파괴를 우려했지만 유행은 지나갔고 국어는 무사히 남아 있다.

물론 부정적인 의미나 욕설이 담긴 언어는 지양되어야겠지만, 10대가 공유하는 언어 자체는 결국 하나의 문화로 봐야 한다는 시각도 있다. 어른들의 시각에서 바람직하지 않다고 해서 무조건 하지 못하도록 제지하는 건 개구리 올챙이 적 생각 못하는 일이라는 지적이다.

'내로남불'이라는 말, 한 번쯤 들어보았을 것이다. '내가 하면 로맨스, 남이 하면 불륜'이라는 뜻이다. 밀레니얼세대는 기성세대가 말하고자 하는 가르침이나 기준을 정작 그들 스스로는 적용하지 않는다고 비판하기도 한다.

학교에서 싸우지 말라고 가르치고는 국회의원들이 국회에서 몸싸움을 하고, 법과 제도를 지켜야 한다면서 정작 정치인의 자녀들에게는 특혜를 주는 일이 발생하는 것을 보며 어른들에 대한 신뢰를 잃어 가고 있다.

일부의 몰상식한 사람들이 하는 행동일 뿐이라고 생각할지도 모르지만, 사실 우리 일상 속에서도 이와 비슷한 일은 수없이 일어난다.

직장인 A씨는 동료들과 점심을 먹고 대표로 카드 계산을 했다. 다른 사람들은 모두 밥값을 보내줬는데, 일주일이 지나고 이주일이 지나도 그중 한 사람이 돈을 보내주지 않았다. 그냥 넘어가야 하나 고민을 하다가 결국 이주일 후에 용기를 내서 돈을 보내달라고 요청했다. 돈을 받기는 했지만 '이 사람은 약속을 잘 안 지키나 봐' 하는 생각이 들어 썩 기분이 좋지 않았다.

그런데 얼마 뒤 직장 동료의 결혼식이 있었다. 개인적인 사정이 있어 참석하지 못하게 되어, 그 직원에게 축의금을 대신 내달라고 부탁하게 됐다. 그런데 하필 그 주말이 끝난 뒤에 바로 일주일 동안 휴가가 잡혀 있었고, 휴가를 다녀오니 일이 너무 쌓여 있어 정신이 하나도 없었다.

머릿속 한편에 기억은 하고 있었지만 그는 내심 '내가 상황이 안 좋아서 못 보낸 거야'라고 생각하며 결국 한참 동안 축의금을 갚지 못했다. 남에게는 엄격한 잣대를 들이대면서 스스로의 행동 패턴은 익숙하기 때문에 쉽게 합리화해 버리는 것이다.

입장 바꿔 생각해보는 것이 말은 쉽지만 사실 어려운 일이다. 어쩌면 지금 내가 스위스 알프스에서 살고 있는 사람의 삶이 어떨지 상상하는 것만큼이나 생소하고 낯설지도 모른다.

하지만 나와 다른 수많은 사람들과 만나 관계를 맺기 위해서는 내게 익숙한 것을 넘어서 나와 다른 사람의 관점을 상상하는 연습이 필요하다. 한 패턴에 익숙해지면 다른 사람의 관점에서 생각하는 것이 어려워지기 마련이다.


대기업 직원 세미나를 가보면, 보통 앞자리에 앉아 대답을 하는 직원은 대개 과장급 이상이다. 말을 하는 것에 익숙한 직급은 상황이 바뀌어도 비교적 자유롭게 의견을 말하는데, 지시를 듣는 것에 익숙한 대리나 사원급의 직원들은 입을 꾹 다물고 있을 때가 많다. 하지만 세미나나 회의, 회식 등에 적극적으로 참여하지 않는다고 해서 그들이 소통을 원하지 않는다거나 일에 열정이 없다고 단편적으로 단정지어서는 안 된다.


그들은 왜 이해할 수 없는 방식으로 행동할까? '왜 저렇게 행동할까. 저러면 안 되는데' 하고 조언하고 싶은 순간들이 있을 것이다. 하지만 그것은 어디까지나 내 기준일 뿐이다.

밀레니얼세대는 사실 생뚱맞게 외계인처럼 튀어나온 것이 아니라 결국 기성세대가 만들고 물려준 세상에 적응하여 살아남고 있는 세대이기도 하다. 내가 날 둘러싼 환경에 적응하여 지금의 내 모습을 만들고 살아온 것처럼 말이다.

기성세대는 자꾸 밀레니얼세대에게 이렇게 행동해라, 저렇게 하는 게 옳다고 지적한다. 정말 밀레니얼세대가 변하는 것이 옳은 방향일까? 한편으로는 밀레니얼세대가 등장한 배경을 생각하고 입장 바꿔 대입해보는 기성세대의 어른스러운 자세가 필요하지 않을까?

지인 중에 항상 50대 부장의 비위를 맞춰주며 일하던 직원이 있었다. 업무적으로나 태도적인 부분까지 부장이 원하는 방식대로 눈치를 보며 행동해서 사실 부장이 무척 예뻐하는 부하직원이기도 했다.

하지만 어느 순간부터 결국 이들 관계는 틀어지게 되었다고 한다. 일한 것에 비해 인사 점수가 낮고 역할이 늘 한정적이라고 생각한 그가 불합리함을 토로한 것이다. 근본적으로 수직적인 문화에 익숙한 기성세대 부장은 부하직원이 순종적으로 따르는 것에는 익숙했지만 그가 정말 원하는 역할에 대해서는 크게 관심을 갖지 못했던 것이다.

결혼 후 시집살이로 힘들었던 시어머니가 아들이 결혼한 뒤
또 다시 그 며느리를 시집살이 시키는 경우가 적지 않다. 내가 힘
들었던 것은 기억하지만, 타인이 나와 같이 힘들 것에 대해서는
크게 공감하지 못하기 때문일 것이다. 하지만 인간적으로 신뢰
있는 관계를 맺기 위해서는 내게 익숙한 것에만 관대한 비합리적
인 관점을 버려야 한다.

중견 임원급을 대상으로 하는 강의에서 나는 "여러분이 생각
하시는 것보다 세상은 훨씬 더 많이 변했어요"라고 종종 말한다.
우리에게 익숙한 것들이 새로운 세대에게는 낯선 것이 될 수도
있다는 뜻이다. 수긍하는 사람이 있는 반면, 끝까지 인정하지 않
는 사람들도 있다.

똑같이 식사 자리에 앉아도 밥부터 먹는 사람이 있고 국부터
먹는 사람이 있는 것처럼 나에게 익숙한 것만이 정당한 게 아니
라는 걸 받아들여야 한다. 무슨 말인지 통 알아들을 수 없는 외계
어 같은 급식체를 사용하는 세대와 말이 통하기 위해서는 더더욱
말이다.

# 21

## 밀레니얼세대에게는 새로운 리더가 필요하다

○ ●● ◐ 　최근 세미나를 준비하느라 정신없이 하루하루가 지나갔다. 매년 진행하고 있는 세미나인데 강연자 섭외부터 현수막 제작까지 내가 일일이 챙겨야 해서 은근히 크고 작게 손이 간다.

혹시나 빠진 게 있는지 몇 번씩 다시 체크하고 마지막까지 혹시 생길지 모를 돌발 상황에 대비해야 하기에 직전까지도 눈코 뜰 새 없이 바쁘다. 이번에도 원래 강연이 예정되어 있었던 연사님이 사정상 오지 못하시게 되어 얼른 다른 분을 섭외해야 했다.

재능기부로 진행되는 강연이다 보니 나와 인연이 있어 좋은 마음으로 참여해 주시는 분들이 대부분이다. 그런데 이번엔 직접적인 인연은 없지만 꼭 섭외하고 싶은 분이 있어 대학원 교수님께 연결을 좀 해주십사 도움을 요청했다.

교수님은 흔쾌히 도와주겠다고 하시더니, 얼마 뒤 그분을 메신저 대화창에 초대해 세미나에 대해서 차근차근 소개하며 섭외까지 일사천리로 대신해 주셨다. 그리고 실제로 얼굴을 뵙고 이야기 나눌 수 있도록 모임 자리까지 마련해 주신 덕분에 세미나 준비를 무사히 마칠 수 있었다.

원래는 하나부터 열까지 내가 직접 해야 할 일인데 특별히 묻지도 않고 필요한 과정을 차근차근 도와주신 교수님이 얼마나 감사했는지 모른다. 길게 이야기하지 않아도 무엇이 필요한지 경험을 통해 알고 계시기에, 적재적소에 필요한 도움의 손길을 내밀어 주신 것이다. 그리고 한편으로는 이런 조용한 조력자의 역할이 바로 밀레니얼세대가 바라는 리더의 모습이 아닌가 싶었다.

기성세대는 '좋은 리더'의 기준을 가늠하고 정의내리는 데에 어려움을 느끼는 경우가 많은 것 같다. 그들 역시 다양한 형태의 리더를 만나보지 못했기 때문이다.

상명하복으로 운영되는 조직 내에서 리더는 되도록 회사를 위해 냉철해지고 아랫사람이 따라올 수 있는 카리스마를 지닌 존재여야 했다. 그때는 그런 리더가 존경받기도 했으나 지금은 권위적인 수직 문화에 반발심을 느끼는 조직원들이 늘어났다.

그래서 좋은 리더가 되고 싶은 마음이 있는 기성세대들도 그 사이 어디쯤에서 고민하며 '이 정도면 꼰대가 아닌 건가?', '이 정도면 좋은 상사인가?' 하고 반신반의하게 된다.

사실 기성세대가 보기에는 사회 경험이 적은 젊은 직원들의 태도가 예의 없고 미숙하게 느껴질 때가 많다. 메시지로 휴가를 통보하거나 줄임말로 예의 없게 대답하는 모습, 끈기 없이 금방 포기하는 모습이 능력치의 부족처럼 느껴지는 것이다.

지금까지의 조직 문화와 너무 동떨어진 모습에 그들이 사회 부적응자로 여겨질 정도인데, 세상은 기성세대가 바뀌어야 한다고 하니 답답한 노릇이다.

하지만 그 어느 때보다 대학 진학률이 높고 자유자재로 디지털 기기를 활용할 줄 아는 밀레니얼세대는 그 역량을 이끌어낼 수 있는 리더를 만나면 분명히 기대 이상의 성과를 보일 가능성이 있다. 어떤 리더를 만나 어떤 분위기 속에서 어떤 영향을 받느냐에 따라 그들이 일찍 회사를 떠날지 아니면 조직 내에서 가치를 발견할지가 결정된다.

주변의 밀레니얼세대 친구들에게 조직에서 어떤 리더를 만나고 싶은지 물어보면 대부분 '묵묵하게 솔선수범하는 리더'의 모습을 꼽는다.

팀원 중 누군가 생일을 맞았을 때 '오늘 ○○ 생일이니까 내가 저녁 산다!'며 생색을 내는 팀장보다 그냥 지나가면서 초콜릿이라도 하나 건네주는, 도리어 무심해 보이는 편이 인성적으로 믿음이 간다는 것이다. '생일이니까 오늘 10분 일찍 퇴근해' 같은 방향으로 발현되는 관심이라면 더 말할 것도 없다.

밀레니얼세대는 단순히 권위적이지 않고 착하게 대해주는 리더보다는 능력 있고 진정성 있는 리더의 모습을 원한다. 일을 위임할 때에는 그에게 권한까지 과감하게 위임하고 필요한 순간에는 조언하며 올바른 방향으로 나아갈 때 칭찬과 인정을 해주자.

회사가 추구하는 목표치와 그 과정에 대해서 투명하게 공유하여 일에 대해 성취감과 가치를 느낄 수 있도록 하는 것이 좋다. 그 결과까지 공유하고 적극적으로 피드백 해주는 것이 회사의 발전에도 도움이 된다.

특히 말과 행동이 다른 것을 조직원들은 모두 금방 알아챈다. 회식 때 '회사에 대한 불만이 있으면 이 자리에서 자유롭게 말해보자'고 제안한다면 배려심이 깊은 상사처럼 보일까? 암묵적으로 의견을 억누르거나 말로만 개선한다 약속하고 아무런 변화가 없다면 조직원들은 더욱 실망할 수밖에 없다.

사실 40~50대 기성세대는 일종의 '낀 세대'로 조직 내에서 억울함을 토로할 때가 많다. 위에서는 권위주의적으로 밀어붙이고 아래에서는 수평적이면서도 능력 있는 이상적인 상사를 원한다. 친해지려고 회식 자리를 마련해도 빨리 자리를 피해줬으면 하는 눈치가 역력하다.

노력하지 않는 모습을 지적하며 '너희는 나처럼 치열하게 살아 봤느냐'고 물으면 '나는 그렇게 살고 싶지도 않고 당신처럼 되고 싶지 않다'는 대답이 돌아오는 분위기다. 그 가운데 있다 보면 조직원들 사이에서 지금까지 지켜온 가치가 부질없게 느껴지기도 한다.

하지만 그 와중에도 기성세대는 밀레니얼세대에게 방향을 제시하고 이끌어가야 하는 구조가 대부분이다. 파도처럼 밀려드는 새로운 가치를 받아들이기에 급급하여 당황할 필요는 없다. 한편으로는 기성세대가 밀레니얼세대에게 물려줄 수 있는 미덕도 분명히 있기 때문이다.

밀레니얼세대는 젊고 새롭지만 경험이 부족하고 미숙한 것도 사실이다. 기성세대는 무엇보다 책임감이 강하고 끈기 있게 일을 지속할 수 있는 능력이 있다. 오래된 연륜과 경험을 활용할 수 있는 방향으로 리더십을 발휘한다면 적절한 균형점을 찾을 수 있을 것이다.

기성세대의 경험과 노하우를 어떻게 전달하고 신뢰를 줄 수 있을까 하는 방향으로의 고민이 필요한 것이다. 밀레니얼세대는 기성세대가 수많은 경우의 수에 대한 경험치를 지니고 있다는 것을 알지만 그것을 일방적으로 입력하는 것에 대해서는 거부감을 느낀다. 그들이 도움을 요청했을 때 적절한 조언과 피드백을 해주는 리더에 대해 더욱 신뢰하는 성향이 있다.

기존에 내가 보고 성장한 것과 다른 리더가 되는 것은 쉽지 않다. 조직 내에서 변화를 이루는 것도 어려운 일이다. 모두들 관성적으로 하던 것을 계속하고 싶어 하며 변화를 원하지 않는 이들이 많기 때문이다.

하지만 거기에서 불편함을 느끼는 구성원이 늘어나고 있다면 또 지금까지 고수해오던 것의 문제점이 발견된다면 누군가는 과감하게 변화를 이끌어야 한다. 앞으로 이끌어갈 조직 구성원들의 특성을 이해하고 변화를 꾀한다면 밀레니얼세대는 먼저 다가와 자신의 이야기를 털어놓고 조언을 구할 것이다.

# 세대 갈등은
# 어디에서 오는가

플라톤도 '요즘 것들은 버릇이 없다'는 말을 했다고 한다. 젊은 세대를 향해 비판적인 시각을 보내는 것은 비단 오늘날만의 일이 아니다.

하지만 요즘의 밀레니얼세대 역시 기성세대에 대한 부정적인 인식이 커지고 있는 추세다. 나이든 사람을 낮잡아 이르는 '꼰대'나 '틀딱'이라는 용어까지 생길 정도다.

한 조사에 따르면 젊은 세대의 3명 중 1명은 기성세대가 그들의 노력에 비해 큰 혜택을 누리고 있으며, 다른 세대를 배려하지 않는다는 인식을 가지고 있다고 한다.

우리나라의 사회 갈등은 2016년 기준 OECD 국가별 사회갈

등 지수에서 34개국 중 3위에 해당할 정도로 높은 순위를 기록하고 있다. 세대 갈등을 예방하고 해결하기 위해서는 먼저 그 원인에 대해 알아야 할 것이다. 왜 세대 간의 갈등의 폭이 좀처럼 줄어들기 어려운 것일까.

세대 갈등의 주된 원인 중 하나로는 시대적인 변화를 들 수 있을 것이다. 한국 사회는 매우 가파른 경사를 그리며 급격하게 발전했다.

기성세대가 청년일 때 중요했던 것은 기본적인 먹고 사는 문제였다. 그러려면 직장에 안정적으로 안착하는 것이 인생에 있어 중요한 과제 중 하나였다. 이후 그들은 경제 성장을 일구어냈고 자신들의 노력으로 지금의 성취를 이루어냈다고 여긴다.

고속 성장하는 산업화 사회를 겪어온 기성세대와 달리 밀레니얼세대는 디지털을 기반으로 한 정보화 사회를 기반으로 살아오고 있다. 풍족한 먹거리와 안정적인 생활을 누릴 수 있게 되었기에 당장 먹고 사는 생존에 대한 걱정은 적지만 더 이상의 경제 성장을 기대하기도 어려운 시대다.

더 이상 오를 수 없을 것 같은 높은 집값과 늘어나고 있는 실업률을 겪으며 청년층은 기성세대보다 더 많이 노력해도 그들보다 더 나은 걸 가질 수 없는 상황에 처해 있다.

이러한 배경 속에서 기성세대는 밀레니얼세대가 그들처럼 치열하게 노력하지 않는다고 생각하고, 밀레니얼세대는 기성세대가 이미 좋은 시대를 누렸다는 박탈감을 느낀다. 굳이 이러한 거시적인 차원에서 보지 않더라도 우리는 조직 내에서 개별적이고 실질적인 세대 갈등을 해결해야 하는 상황에 놓여 있다. 이는 문화적 경험이나 사고방식의 차이도 원인이 될 수 있겠지만 무엇보다 소통의 부재가 가장 주된 원인이라고 본다.

기성세대가 조직에서 살아남고 성장하기 위해서 유지해온 것들, 연대 책임이나 집단을 위한 개인의 희생 등을 밀레니얼세대는 받아들이지 않는다. 조직에 공동체 의식을 불어넣었던 수직적인 계급주의는 밀레니얼세대에게 의사소통의 방해 요인일 뿐이다.

기성세대에게 당연했던 것이 밀레니얼세대에게는 당연하지 않은 것이 되었고, 밀레니얼세대에게 당연한 문화가 기성세대에게는 생소하다. 그리고 그 차이에 대하여 소통을 통해 교류하지 않다 보니 서로의 '다름'을 '틀림'으로 인식하고 만다. 더불어 디지털의 발달로 정보에 대한 접근성에 격차가 생기고 빠른 트렌드 변화를 기성세대가 따라잡지 못하면서 아예 대화의 단절로 이어지는 경우도 많다.

아직까지는 기성세대가 사회를 이끌고 있는 핵심 세대지만 향후 몇 년 이내에 직장과 조직 내 밀레니얼세대의 비중은 크게 늘어날 것이다. 이에 기업들이 필연적으로 겪게 될, 또 이미 겪고 있는 문제 중의 하나도 바로 세대 간의 갈등이다. 서로 다른 가치관과 직장에 대한 다른 인식으로 인해 부딪칠 수밖에 없게 되는 것이다.

세대 갈등을 줄이려면 젊은 세대도 나이든 세대의 지혜에 귀를 기울이고 이해의 폭을 넓히려 노력할 필요가 있다. 하지만 세대 갈등을 주도적으로 해결할 수 있는 주된 열쇠는 아직 기득권을 지닌 기성세대가 쥐고 있다. 많은 기성세대가 새로운 가치관을 지닌 세대를 이해하고 배려하려 노력하면서도 한편으로는 자신들이 기준이며, 그 기준을 느슨하게 풀어주고 있을 뿐이라는 생각에서 잘 벗어나지 못한다. 이 정도로 편의를 봐줬으면 고맙게 여겨야 한다는 생각에서 벗어나지 못하면 여전히 존경받지 못하는 꼰대로 남을 수밖에 없다.

기성세대가 보기에 밀레니얼세대의 방식이 낯설고 부정적인 면이 더 두드러지게 느껴질 수 있다. 하지만 기존의 방식을 고수하려 애쓰기보다 그들의 특성을 직장 내에서 올바르게 이끌고 활용하는 방향으로 고민하는 것이 어떨까.

올바른 동기 부여와 밀레니얼세대의 성향에 맞지 않는 수직적인 조직 문화의 개편이 필요하다. 그러한 변화로 인해 우리가 생각하던 한계치를 뛰어넘는 뜻밖의 성과를 만나볼 수 있을지도 모른다.

# PART 04

우리는 모두 어딘가에 소속되어 있다

반사적인 언어 습관을 건강하게

내게 익숙한 것을 내려놓을 때

칭찬 반 지적 반, 진정성 많이

우리는 서로를 궁금해 해야 한다

작은 관심부터 시작해보면 어떨까

카리스마보다 마음을 움직이는 힘

+ 서로의 마음을 읽는 커뮤니케이션

나와
다른 것도
옳을 수 있다

# 22

# 우리는 모두
# 어딘가에
# 소속되어 있다

○ ●● ◐    우리가 처음 만나는 사람들 앞에서 자기소개를
한다고 생각해보자. 나에 대해서 무엇을 먼저 말하면 좋을까?

"저는 ○○회사에서 일하고 있는 ○○○입니다."

"저는 ○○팀에 소속되어 있는 ○○○입니다."

아마 다들 자신이 소속되어 있는 집단을 대표적으로 소개할 것이다. 꼭 회사를 다니지 않더라도 어린이 문화센터에 수업을 들으러 간 보호자들도 보통 자신을 이렇게 소개한다.

"저는 아들 하나, 딸 하나를 키우고 있는 엄마 ○○○입니다."
"저는 ○○동에 살고 있는 ○○○입니다."

나의 가족이나 내가 살고 있는 동네 등 내가 구성원으로 속해 있는 집단을 먼저 떠올리게 되는 것이다. 사실 외국에서는 나의 소속이나 관계보다는 오로지 나 자신의 특성을 소개하는 경우가 많은 데 비해 우리나라 사람들은 유독 관계를 중요시하는 경향이 있다. 내가 어디에 소속되어 있는지가 나 자신을 드러내는 가장 대표적인 특성으로 여겨진다고 할 수 있겠다.

그래서 대부분 관계가 안정될 때 나의 존재도 안정된다고 느낀다. 대학은 졸업했는데 취업은 아직 하지 못했을 때 느끼는 것은 드디어 10년 넘은 학생 신분에서 벗어났다는 해방감이 아니라 갈 곳이 없어진 것 같은 불안감이다. 몇십 년 동안 다닌 직장에서 정년퇴직을 했을 때도 마찬가지다. 오랫동안 수고한 자신에 대한 만족감과 뿌듯함보다는 당장 내일부터 갈 곳이 없어진 기분, 이 세상 어디에도 더 이상 내 자리가 없는 것 같은 공허함이 밀려든다.

어쩌면 당연한 일일 것이다. 사람은 누구나 기본적으로 어딘가에 소속되고 싶은 마음을 지니고 있기 마련이고, 사회적 동물이기 때문이다. 실제로도 끊임없이 여러 집단에 속해 관계를 맺으며 살아가게 된다.

태어났을 때부터 가족이라는 집단에 속하고, 이후 학교와 직장, 동네, 취미 동호회 등 일부의 공통점을 지니고 있는 수많은 사람들을 만난다. 영국 노팅엄 트렌드 대학에서는 자신이 소속된 집단과 자신을 동일시하는 사람이 더 행복한 삶을 살고 있다는 연구 결과를 발표하기도 했다.

그중에서도 내가 하루의 가장 오랜 시간을 보내게 되는 직장에서의 소속감은 무엇보다 크고 중요하지 않을까 싶다. 직장에 대한 만족감이 떨어질수록 내 삶 자체가 지루하고 의미 없게 느껴질 가능성이 높은 것이다.

소속감에 영향을 미치는 것은 집단의 성격보다는 단연 사람들이다. 그 집단에 소속된 사람들과 얼마나 마음이 맞느냐에 따라 소속감의 정도가 달라지고, 그것이 업무적인 능률로까지 이어지게 된다. 주변 동료들과 인간적으로 연결되어 있다고 느낄 때 업무에도 헌신적이고 긍정적으로 임할 수 있다.

하지만 아이러니하게도 직장에서의 관계 맺기는 그 무엇보다 난이도가 높게 느껴질 때가 많다. 실제로 조직을 벗어나는 사람들의 73% 이상이 이직을 이유로 동료와의 갈등을 꼽은 설문 결과도 있다. 특히 상사로부터 오는 스트레스는 동료로부터 오는 스트레스보다 훨씬 높다.

일터에서 관계를 맺는 것은 왜 어려울까? 그렇다고 어제 본 드라마에 대해서 잠시 수다를 떨거나 회식에 참여해 다 같이 거하게 취한다고 해서 인간관계의 유대감이 쌓이는 것은 아니라는 건 분명하다. 한 조직에 소속되어 있다는 공통점이 있지만 그 외의 모든 것이 나와 다른 사람들과 어떻게 소속감을 쌓아갈 수 있을까?

내 지인 중 한 명은 회사에 다니는 도중에 반려견이 세상을 떠나는 일이 있었다고 한다. 그런데 그다지 친하지 않았던 옆 팀의 직원이 반려견과 똑같이 생긴 작은 피규어 하나를 선물해 주었다. 그 역시 반려동물을 키우고 있어 가족과 같은 반려견을 떠나보내는 마음을 알기에, 작은 선물로 그 마음을 이해하고 위로하는 뜻을 전한 것이다.

예상치 못하게 다가온 따뜻한 마음이 너무나 고마워서 그 이후로 그는 그 직원뿐 아니라 회사 동료들의 부탁에 보다 마음을 열고 임하게 됐다. 작은 친절이 회사 동료로서뿐만 아니라 인간적으로 연결되어 있다는 신뢰를 쌓게 해준 것이다.

사실 좋은 사람들을 만나기 위해서는 우리가 먼저 좋은 사람이 되어야 한다는 것은 다들 잘 알고 있는 기본적인 이야기다. 힘들어하는 누군가에게 손을 내밀어주는 작은 도움이 내가 힘들 때 누군가가 건네 오는 또 다른 위로로 돌아올 수 있다.

'왜 나만 이렇게 힘들지?'
'다른 사람들은 다 잘 버티는데, 왜 나만 이럴까?'

조직 생활이 힘들 때, 한 번쯤 이런 생각이 들기 마련인 것은 당연하다. 나뿐만 아니라 모두들 누군가와의 관계에 어려움을 겪지만 아프다, 힘들다는 감정 표현에 약할 뿐이다. 그런데 너무 피곤한 날 아침에 출근했더니 옆 사람이 '어제 그 보고서 너무 좋던데요' 혹은 '오늘 그 옷 예쁘네요' 하고 작은 칭찬 한마디를 건네어 기운이 났던 경험이 한 번쯤 있지 않은가?

조금만 관심을 가지고 주변을 둘러보면 누군가에게 작은 칭찬과 관심으로 큰 힘을 나눠주는 게 그리 어렵지 않다는 걸 알 수 있을 것이다. 사소한 배려라 해도 그 따뜻한 손길을 나눴던 기억은 내가 조직 내에서 고독감을 느낄 때 분명히 다시 기운을 낼 수 있는 좋은 원동력으로 남는다.

조직의 갈등은 결국 소통의 문제에서 비롯되기 마련이다. 특히 기성세대와 밀레니얼세대는 비단 조직 내에서뿐만 아니라 삶을 대하는 방식 자체가 달라 크고 작은 오해가 쌓일 가능성이 높다.

예전에는 여러 사람을 이끌기 위해서는 권위적인 카리스마를 보여야 한다고 믿었기에, 기성세대는 자신의 약한 모습을 보이는 것이 리더십의 결여라고 느끼는 경우가 많았다.

하지만 앞으로 이끌어갈 밀레니얼세대는 수직적인 관계에서 신뢰를 느끼지 않는다. 우리가 인간적인 모습을 공유하고 부드럽고 너그러운 모습을 보이는 것이 오히려 조직을 더욱 돈독하게 한다는 것을 알아야 한다. 보다 진심 어린 애정과 친절이 우리의 관계를 긍정적으로 증진시킬 수 있다.

우리는 소통을 위해 끊임없이 노력할 수밖에 없다. 사회에서 늘 서로와 크고 작은 관계를 맺고 살아가기 때문이다. 하루 중 가장 긴 시간을 머무는 직장이 나에게 오직 스트레스만 준다면 삶의 질 자체가 떨어지게 될 것이다.

한 조직에 속해 있는 기성세대와 밀레니얼세대가 서로의 특성을 어느 정도 이해하고 배려하여 행동 방식을 조금씩만 바꿔 본다면, 그것만으로도 충분히 소통의 실마리가 될 수 있다.

# 23

## 반사적인
## 언어 습관을
## 건강하게

○ ●● ◐   한국인들은 사석에서 만나보면 다들 참 흥이 많고 재미있는 민족이지만, 그냥 길에서 지나가는 불특정 다수의 얼굴을 지켜보면 다들 참 말 걸기 무서운 무뚝뚝한 얼굴을 하고 있는 것 같다. 그래서 외국 여행을 가서 한국인들이 놀라게 되는 점 중의 하나가 눈만 마주치면 미소를 짓거나 인사를 건네는 문화다.

꼭 살갑게 말을 붙이지 않더라도 그들은 길에서 부딪치면 반사적으로 'Sorry'를 내뱉는다. 어릴 때부터 그렇게 배우고 자라왔기 때문에 그런 언어 습관이 몸에 자연스레 배어 있는 것이다. 신기한 건 그런 나라에서 며칠만 여행을 해도 나 역시 그런 습관을 배우게 된다는 것이다.

처음에는 한국에서 그랬던 것처럼 가볍게 목만 까딱하며 지나가려고 했는데 옷만 스쳐도 'Sorry'를 소리 내어 말하는 외국인들을 수차례 대하다 보니 나도 반사적으로 그 말이 튀어나왔다. 며칠 만에 몸에 밴 듯이 자연스러웠던 그 습관은 물론 한국에 돌아오자 사람들의 무뚝뚝한 표정에 말문이 막혀 하루 이틀 만에 사라져 버렸지만 말이다.


이러한 언어 습관은 성격에 따라 혹은 상황에 따라 달리 나오는 것이 아니라 그 문화권의 사람들에게 당연한 듯이 배어 있는 것 같다. 꼭 문화권의 차이뿐 아니라 우리도 어떤 세대에서 자라나 어떤 사람들과 주로 대화하느냐에 따라 그에 맞는 언어가 몸에 맞는 옷처럼 익숙하게 스며들곤 한다.

익숙한 언어와 반응은 내 몸에 차곡차곡 쌓이고, 나의 정서적 가치관과 자주 쓰는 단어, 언어 세계를 만든다. 그 탓에 나와 다른 집단에 속한 사람들과 대화할 때 서로 다른 종류의 언어가 튀어나오기도 한다. 그래서 나와 세대나 성별, 혹은 직급이 다른 사람들과 대화할 때 우리가 다른 배경에서 자랐다는 것을 인식하고 이해할 필요가 있다.

이때 나와 다른 집단에 속한 사람들을 대하며 '저 사람이랑은 어차피 말이 안 통해'라는 한계선을 그어 놓으면 진정한 소통이 어려워질 수밖에 없다.

대표적으로 가족 내에서 부모와 자식 간의 대화를 떠올려 보자. 분명히 같은 한국어를 쓰고 있는데도 불구하고 어떨 땐 마치 상대방의 말이 어려운 암호처럼 느껴질 때도 있지 않던가.

왜 자녀들은 부모가 먼저 살아보고 조언하는 이야기를 모두 잔소리로만 느끼고 듣기 싫어하는 걸까? 자녀들이 특히 듣기 싫은 말 중의 하나는 부모가 자신들의 어린 시절 경험을 기준으로 자녀에게 조언하거나 강요하는 것이라고 한다.

자녀들은 부모 세대와 자신들의 세대가 이미 판이하게 다르다는 걸, 그래서 몇십 년 전의 사례가 동일하게 적용되지는 않는다는 걸 안다. 거기에 부모가 '네가 지금은 어려서 모르지만 나중에는 알게 될 거야' 같은 말을 하는 건 더더욱 와 닿지 않는다.

자녀를 부모와 동일한 인간으로서 존중하지 않고 '너는 어려서 대화가 안 통한다'는 전제가 깔려 있다는 것을 느끼는 이상, 더 이상의 소통이 어려워지기 때문이다. 자녀를 위해 하는 말이라는 의도 자체는 알지만 부모의 조언을 이해할 수도 공감할 수도 없는 것이다.

아이들이 스스로 자기 이야기를 먼저 꺼내지 않는 것은 부모가 마음을 열고 잘 들어주지 못하기 때문인지도 모른다. 부모는 우리 세대에 전혀 공감하지 못하고, 내 이야기를 해도 이해보다는 잔소리를 할 것만 같다고 생각하는 것이다. 이런 모습은 어른이 되어서도 비슷하다.

강의를 하다 보면 보통 대답하는 몇몇 분들이 정해져 있기 마련이다. 하지만 대답하지 않는다고 해서 할 말이 없는 건 아니다. 뒷자리 끝에 앉아있는 분들도 기회만 드리면 얼마든지 대답을 하고 자신의 이야기를 술술 꺼내기도 하신다. 당신의 이야기를 듣고자 기다리고 있다는 경청의 자세가 필요한 것이다.

오늘 아침, 혹은 어제 저녁에 가족과 함께 식사하면서 어떤 이야기를 나눴었는지 잠시 떠올려 보자. 자녀의 말에 '아~' 하고 공감하고 긍정하는 리액션을 단 한 번이라도 했던가? '네가 참 힘들었겠다'와 같은 공감이 아니더라도 그저 말없이 고개를 끄덕여주는 긍정의 리액션만으로도 상대방에게는 위로가 될 수 있다.

조직 내에서도 '저 세대, 성별, 직급은 원래 그래'라는 벽에 가로막히면 더 이상의 소통으로 나아가기 어렵다. '왜 이렇게 힘들지?' 묻는 사람에게 꼭 '그럼 돈 벌기가 쉬운 줄 알아?'라고 대답하는 사람들이 있다. 안 그래도 사회생활에 힘들어하는 밀레니얼세대에게 '열심히 안 하니까 그렇지'라고 혀를 차거나 '우리 땐 안 그랬는데' 하고 고개를 저어 보이지는 않았던가?

서로에게는 전혀 상식적이지 않은 것을 상식으로 받아들이고 있는 다른 집단을 대할 때 우리가 취해야 할 자세는 내가 아니라 상대방의 입장이 되어 생각해보는 것이다. 우리가 서로 다른 가정에서, 다른 동네에서, 또 다른 배경의 세대에서 살아왔다는 것을 기억하자.

내가 하고 싶은 말을 전달하는 것보다 상대방의 입장을 이해하는 데에 더 많은 노력과 감정을 쏟아야 한다. 물론 그게 잘 안 되거나 실수를 할 때도 있다.

그럴 땐 '아, 세대가 변하는 걸 알면서도 적응이 잘 안 되네'

라고 인정하면 된다. 내가 무언가를 말하고 가르치는 것보다 상대방의 말을 들어주는 것이 서로와 가까워지는 데 있어 훨씬 더 중요하다.

신입사원 D씨는 입사 동기들과 커피를 마시다가 다른 부서로 입사한 동기의 하소연을 듣게 됐다. 그는 회사 생활이 너무 힘들다고 토로했는데, 주된 이유는 도대체 왜 해야 하는지도 모르는 잡다한 일만 끝없이 하게 되어 통 보람을 느낄 수가 없다는 것이었다.

신입사원들이 쉽게 겪을 만한 상황인 만큼 어떤 기분인지 충분히 공감이 되는 한편, D씨가 속한 부서의 팀장에게 고마운 마음이 들었다. 팀장은 모든 게 처음일 수밖에 없는 신입사원의 입장을 누구보다 잘 알고 있다는 듯이 당연하게 느껴지는 것이라도 차근차근 설명해서 가르쳐주는 사람이었다.

무엇보다 담당자의 의견을 끝까지 인내심 있게 들어주었다. 뻔한 오류를 가지고 있는 의견이라고 해도 일단은 침착하게 들어본 다음에 그에 대해 정확한 피드백을 주기 때문에 의견을 낸 담당자도 스스로 깨닫고 더 나은 아이디어로 발전시킬 수 있었다.

상대의 말이 옳은지 그른지 평가하기 전에 일단 '들어주는' 것의 힘이 이렇게 크고 중요하다.

누군가 말할 때 내 입장부터 내세우거나 방어하려 들지 말고 툭 부딪쳤을 때 Sorry를 내뱉듯이 그 사람의 입장에서 '아~' 하고 공감하는 말의 습관을 들여 보자. 누군가 자신의 이야기를 하소연했을 때 반사적으로 '그게 뭐가 힘들어?'가 아니라 '그랬구나' 하고 고개를 끄덕여주는 것만으로도 관계는 분명히 달라질 것이다.

우리는 모두 서로 다르다. 상대가 나와 느끼는 것이 다르다면 나와 똑같이 느끼라고 '가르치지' 말고 일단 들어보자. 마음을 열고 듣다 보면 지금까지 몰랐던 것을 이해할 수 있게 된다.

# 24

# 내게
# 익숙한 것을
# 내려놓을 때

○●● ◖   O팀장은 같은 팀의 후배 사원이 작성한 기획서
에 대한 피드백을 주고 있었다. 회사의 교육 관련 지원 제도를 개
선하는 기획서였는데 내용을 훑어보다 보니 궁금한 내용이 생겨
툭 질문을 던졌다.

"A와 같은 경우나 B와 같은 경우처럼 예외적인 사항이 있을
땐 어떻게 되는 거지?"

그러자 후배 사원이 고개를 갸우뚱하며 대답했다.

"그건 케바케죠."

순간 '뭐지?' 하는 생각과 함께 대답이 너무 버릇없게 느껴졌다. 회사에서 누군가 그에게 이렇게 가볍게 줄임말을 쓰는 것도 처음이었고, 왠지 진지하지 않고 반쯤 장난이 섞인 대답처럼 들리기도 했기 때문이다. 하지만 그걸 지적하면 흔히 말하는 꼰대처럼 보일까 싶어 그냥 '그렇구나' 하고 넘기고 기획서 검토를 마무리했다.

그런데 조금 시간이 지나고 혼자 곰곰이 떠올려보니 그 사원은 평소 인사도 무척 잘 하고 선배들도 예의바르게 챙기곤 하는 성격이었다. 한마디로 '버릇없다'는 수식어와는 거리가 멀었다. 그렇게 생각해 보니 '케바케'라는 말을 쓴 맥락이 어느 정도 이해가 되었다. 그에게 그 말은 그저 빠르고 편하게 쓸 수 있는 익숙한 언어일 뿐이었다는 것이 말이다.

어쩌면 요즘 친구들은 다 버릇이 없다는 '기성세대의 편견'이 머릿속에 자리 잡고 있어서 그를 있는 그대로 바라보지 못한 것은 아닐까 하는 반성이 들기도 했다.

새로운 세대가 등장하면 그 세대를 상징하는 키워드도 달라지기 마련이다. 드라마 〈응답하라〉 시리즈를 보면서, 그 시대를 겪은 이들은 CD가 아닌 카세트테이프를, 인터넷 티켓팅이 아니라 은행 앞에 줄을 서서 콘서트 티켓을 사야 했던 시절을 추억하곤 했다. 지금은 CD도 아니고 음원으로 노래를 듣는 시대가 되었다.

아이패드 프로 광고 중에 아이가 아이패드로 사진도 찍고 그림도 그리고 친구와 수다도 떠는 걸 보고 이웃집 아주머니가 '컴퓨터로 뭐하니?' 묻자 아이가 '컴퓨터가 뭔데요?'라고 대답하는 장면이 있다.

인터넷에 연결하는 시간 단위로 돈이 나가던 폴더폰 시절이 기억 속으로 묻힌 것처럼 나중에는 컴퓨터나 키보드의 개념도 아예 사라질지도 모른다. 우리는 빠른 기술의 발전 속에서 어떤 것들은 흘려보내고 또 어떤 것들은 새롭게 받아들이는 과정을 끊임없이 반복하며 살아가게 될 것이다.

옛 어른들의 지혜가 담긴 속담도 요즘 시대에는 적용되지 않는 것이 많아 우스갯소리로 변형되어 쓰이지 않던가. '일찍 일어나는 새가 벌레를 잡는다'는 '일찍 일어나는 벌레가 잡아먹힌다'고 뒤집어 말하기도 한다. '가는 말이 고우면 오는 말이 고운' 것이 아니라 '가는 말이 고우면 얕본다'고도 한다. '늦었다고 생각할 때가 가장 빠른 것'이 아니라 '늦었다고 생각할 때는 정말 늦은 거니까 당장 시작해라'라고 조언하기도 한다.

우습지만 조상들의 시대 배경에 적용되던 속담보다 바뀐 속담이 보여주는 풍자가 지금의 우리에게 더 와 닿는 것도 사실이지 않은가. 거의 진리처럼 다뤄지던 명제들을 거부하고 납득할 수 있는 새로운 논리를 만들어내고 있는 것이다. 현대 사회가 빠르게 변화하는 만큼 지금 들어서 와 닿을 수 있을 만한 시의성을 덧붙인 새로운 속담이 생겨나고 있는 셈이다.

우리는 익숙한 것에 대해서는 옳지 않더라도 의문을 제기하지 않는데, 익숙하지 않은 것에 대해서는 그것이 옳더라도 의문을 제기하는 경우가 많다. 하지만 시대의 마디를 조금 더 크게 나누어 생각하면 더 금방 이해할 수 있을 것이다.

유교 사상을 기반으로 한 우리나라 문화는 '여자는 남편을 하늘처럼 여겨야 하며', '스승의 그림자도 밟지 않는다'고 가르쳤다. 하지만 이제는 성에 대한 고정관념과 편견에서 벗어나고자 많은 사람들이 노력하고 있고, 아이들도 폭력적이거나 무능력한 선생님들의 자격을 판단한다.

'졸혼'처럼 예전에는 아예 없었던 단어들이 생겨나기도 한다. 예전에는 결혼이라는 사회적 제도가 어떠한 식으로든 변화할 수 있으리라는 가능성 자체를 생각해보지 않았다.

그런데 요즘에는 밀레니얼세대의 가치관 변화에 영향을 받아 기성세대 역시 '그런 일이 가능할 수도 있겠구나' 하는 새로운 생각을 떠올리게 된다. 기성세대에게 당연했던 '원래 그런 것'들이 조금씩 사라지고 바뀌어가고 있는 것이다.

물론 익숙하고 당연하게 겪어 오던 세상이 달라지는 것을 이해하는 게 쉽지만은 않다. 요즘엔 군대에서도 휴대폰이 보급되기에 메신저로 지시를 하거나 점호를 하기도 한다고 한다. 이에 '왜 군대에서 휴대폰을 쓰느냐'고 반발하는 기성세대들의 비판도 있다.

하지만 시대가 빠르게 변하는 만큼 요즘 세대에게 익숙한 방식으로 사회 곳곳이 변화해가고 있는 순리일 것이다.

대기업에 다니는 젊은 신입사원 A의 사례를 보자. 그는 성격이 서글서글하고 싹싹해서 상사들에게 무척 예쁨을 받는 타입이었다. 직속 관계로 일하는 50대 부장은 상당히 보수적인 사람이었지만, 대답도 잘하고 일도 야무지게 처리하는 A를 자주 데리고 다니곤 했단다. 그런데 회사에서도 자유분방한 패션을 선호하던 A가 어느 날은 찢어진 청바지를 입고 출근했는데, 그걸 발견한 부장의 표정이 영 좋지 않았다.

"야, 너는..."

한 마디 할 것처럼 입을 열었는데 A가 재빨리 선수를 쳤다.

"어어, 부장님! 이거 알아보신 거예요? 요즘 유행하는 청바지인데, 역시 우리 부장님의 센스는 최고입니다!"

그러자 부장은 분명히 옷차림이 거슬렸던 것일 텐데도, 못 이기는 척 호탕하게 웃으며 맞장구를 쳤다고 한다.

"당연히 알아보지!"

내가 살아온 방식과 달라져서 당혹스러운 것들도 있지만 새롭게 배우는 것들도 있다. 각자 기반으로 두고 있는 상식이 다르다면 관계 유지를 위해 조금 더 많은 노력이 필요한 것은 어쩔 수 없다. 한쪽이라도 일방적인 생각을 강요하거나 요구한다면 그 관계는 쉽게 깨질 수 있는 것이다. 그러니 익숙함에 함몰되지 말고 새로운 세대의 익숙함을 받아들이는 자세가 필요하다.

서로가 좋고 싫음을 표현하는 방법 자체가 다르기 때문에 의도치 않게 상처를 주고받게 되는 경우가 많다. 서로의 특성에 대해서도 관심을 가지고 알고자 해야 한다.

실제로 세대 간 대화가 통하지 않는다고 느끼는 사람들이 많다. 한 조사에서는 노인과 대화가 통하지 않는다고 답한 청년이 무려 90%에 달했고, 청년층과 대화가 통하지 않는다고 답한 노인도 거의 절반가량이었다고 한다.

우리 사회가 워낙에 빠르게 변화했기 때문에 서로 공유하고 겹쳐지는 영역이 너무 적고, 그 탓에 서로를 이해할 수 있는 범위가 넓지 않기 때문인 듯하다.

하지만 비록 충분한 시간 여유를 두고 차근차근 젖어 든 변화는 아니지만, 적어도 서로 중간 지점을 찾아보고자 하는 의지가 있다면 시간이 걸리더라도 아예 단절되지는 않을 수 있을 것이다. 조직 내에서 무언가 대화를 나누다가 벽에 부딪쳤을 때, '어차피 말이 안 통해'라고 단정 짓지 말고 상대방에게 익숙한 대화 방식을 찾아보자.

밀레니얼세대는 '이런 어려움이 있는데 어떻게 해결하면 좋을까요?'라고 에둘러 질문해 보고, 기성세대는 명령조가 아니라 상대방의 의견에 귀 기울이고 인정할 수 있는 부분을 찾으려고 노력하는 것이다. 내게 익숙한 것만 옳다는 편견에서 벗어나 마음을 열고 마주한다면 적어도 그 의도와 마음만은 오해하지 않고 소통할 수 있으리라 믿는다.

# 25

## 칭찬 반
## 지적 반,
## 진정성 많이

○ ●● ◑  당신에게 다음과 같은 질문을 던진다면 당신은
무엇부터 대답하는 타입인가?

> "좋은 소식과 나쁜 소식이 있는데, 어떤 것부터 들으실
> 래요?"

심리학자 데니얼 카네먼스와 아모스 트버스키는 이와 관련된 재미있는 실험을 하나 했다.

그들은 실험 참가자들에게 두 종류의 고기를 보여주며 그중 한 가지를 선택하게 했다. A 고기에는 '무지방 99%'가 적혀 있고 B 고기에는 '지방 1%'가 적혀 있는 종이였다. 그러자 실험 참가자 대부분은 무지방 99%가 적힌 A 고기를 선택했으며, 심지어 '무지방 98%'와 '지방 1%' 중에서도 전자의 고기를 선택했다고 한다.

결과적으로 똑같은 것이라도 표현 방식에 따라서 사람들의 선택은 달라질 수 있다는 것이다. 사람들은 긍정적인 이야기를 먼저 받아들이는 반면 부정적인 내용은 피하고 싶어 하는 경향이 있다. 그래서 나쁜 소식을 먼저 전하면 좋은 소식의 긍정적인 임팩트가 줄어들 수 있어 만약 누군가를 설득하고 싶다면 좋은 소식을 먼저 전한 뒤에 나쁜 소식을 알리는 것이 도움이 된다.

조직의 중년 임원급을 대상으로 강연을 하면서 '칭찬이 먼저일까요, 지적이 먼저일까요?'라고 물어보면 대부분 '칭찬이 먼저'라고 대답한다. 마찬가지로 칭찬부터 한 뒤에 지적을 하면 상대방도 덜 기분이 상할 거라고 생각하기 때문이다.

> "좋아, 잘했는데 이거 하나만 더 이렇게 바꿨으면 완벽했
>   을 텐데!"

물론 이렇게 말하는 것도 도움이 되지만, 사실 조직 내에서의 칭찬과 지적은 아예 분리되어 있는 것이 좋다. 위와 같은 칭찬은 순수하게 칭찬을 받은 것처럼 느껴지지 않을 가능성이 높다. 결국 뒤에 나오는 본론이 지적이기 때문에 칭찬은 진심이 아니라고 생각하거나 중요하지 않다고 생각해 금방 잊어버리는 것이다. 그럼 지적해야 할 일이 있을 때는 어떻게 말하는 게 좋을까?

> "이건 어떻게 생각해서 이렇게 진행했어요?"
> "내 생각에는 이렇게 하면 좋을 것 같은데, 이 대리는 왜
>   이렇게 하면 좋다고 생각했지요?"

중요한 것은 감정적으로 접근하지 않는 것이다. 일방적으로 비판하는 것이 아니라 함께 논의하는 방향으로 다가가는 것이 좋

다. 밀레니얼세대는 자신의 잘못에 대해서도 정확한 피드백은 오히려 쉽게 수용하고 받아들인다. 그런 부분은 확실히 콕 짚어 문제를 전달하면 된다. 대신 이런 부분을 말한 뒤 '그래도 뭐, 잘했어. 이것만 더 잘했으면 좋았을 텐데'라고 말하고 상대방이 칭찬으로 받아들이길 바라면 안 된다는 것이다.

물론 선배로서, 임원으로서 부주의한 점을 지적하고 따끔하게 가르쳐야 할 때도 있다. 조직 내에서 상대방의 잘못을 느끼거나 기분이 상했을 때 우리가 할 수 있는 반응은 크게 세 가지 정도가 있다.

첫 번째, 잘못을 혼내고 내가 피해 입은 바를 감정적으로 드러내며 화를 내는 것이다. 당연히 서로의 관계가 상하는 결과로 이어질 것이다.

두 번째, 말을 하지 않고 마음속에 쌓아두고 넘어가는 것이다. 주로 아랫사람이 선택하게 되는 방법인데, 점차 커뮤니케이션의 길이 막혀 버리고 만다. '저 사람은 원래 저래' 하고 포기하여 아예 대화를 하지 않게 된다.

그리고 세 번째는 칭찬과 지적을 버무려가며 상대방의 감정이 상하지 않게끔 의사 전달을 하는 것이다. 사실 어떤 실수나 잘

못에 대해서는 상대방도 이미 잘 알고 있으므로 일의 효율성을 위해 팩트를 짚고 개선 방향을 전달하여 넘어가는 것만으로도 충분할 때가 많다.

잘못에 대해 지적하고 야단을 치는 방법도 세대별로 달라져 왔다. 사실 요즘과 달리 베이비부머 세대의 직장 내 서열은 거의 군대식이나 마찬가지였다. 선배 말이라면 그것이 옳든 그렇지 않든 그 조직 내에서는 법으로 받아들여야 했다. 야단도 관심이자 가르침이라고 도리어 감사하게 여겨야 한다는 인식까지 있었다.

그 다음으로 이어지는 X세대는 조금 더 돌려 말하는 방식을 주로 사용했다. 야단과 칭찬을 함께 써서 어감을 완화하는 등 비교적 상처를 줄이고자 노력하는 모습이 있었지만, 한편으로는 혼내고자 하는 지점에 대한 공감대가 명확하지 않아 야단을 맞는 입장에서도 반성하는 척하며 '이때만 참고 지나가면 된다'는 식으로 느끼기도 했다. 그러다 보니 야단을 치고 나서 달라지는 모습이 없어 더 감정적인 대처를 하게 되는 경우도 있었다.

하지만 많은 밀레니얼세대는 누구에게 혼나는 것 자체를 잘 견디지 못한다. 집집마다 가정의 관심과 사랑 속에서 온실 속의 화초처럼 자란 세대이기 때문이기도 할 것이다.

무엇보다 상사의 야단이 합당하지 않다고 생각하면 받아들이는 척도 하지 않고 한 귀로 듣고 흘리거나 즉시 반발한다. 그게 통하지 않으면 결국 조직에서 이탈해 버린다. 이때 상사는 자신이 왜 그를 혼내는지 명확한 논리와 이유를 가지고 있어야 하고 그것을 정확하게 전달하는 방식으로 의사소통할 필요가 있다.

여기서 특히 중요한 것은 무례한 비판이나 인신공격을 하지 않는 것이다. 나보다 어리고 후배라고 해서 나와 동등한 동료로 여기지 않고 무시하는 것 특히 인격적으로 존중받지 못하는 것에 대해서 밀레니얼세대는 참지 않고 분노한다. '넌 머리가 나쁜 거냐' 식의 표현은 아무것도 나아지게 하지 않는다.

그래서 기성세대 입장에서는 자칫 꼰대 소리를 들을까봐, 팀원들에게 뒷담화의 대상이 될까봐 좋은 모습만 보이려고 애쓰기도 한다. 모두에게 좋은 사람이 되기 위해 가식적인 칭찬을 하게 되는 경우도 있다. 하지만 한 조직에서 함께 지내다 보면 결국 칭찬과 지적은 모두 필요하기 마련이다.

중요한 건 내용을 전달하는 데 진정성이 있어야 한다는 점이다. 막연한 칭찬보다 무엇에 대해 어떤 성과가 나왔다는 명확한 칭찬이 좋고, 그 '사람'을 지적하는 게 아니라 그 '업무의 문제'를 지적한다는 명시가 도움이 된다.

이러한 칭찬과 지적을 통해 오히려 밀레니얼세대는 상사의 업무 능력을 신뢰하고 피드백을 더 쉽게 수용한다. 더불어 서로에 대해 인간적으로 좋은 관계가 탄탄하게 뒷받침된다면 솔직한 지적은 전혀 관계에 문제가 되지 않을 것이다.


다음의 개선을 위하여 잘못을 지적하되 상대방을 존중하는 자세가 필요하다. 일방적으로 지적하기보다 쌍방으로 대화하고 해결책을 모색하려고 노력해야 한다. 또한 상사라고 해도 내가 후배를 지적하는 만큼 상대방의 지적도 의연하게 받아들일 줄 아는 자세도 필요하다. 내가 모르는 것에 대해 젊은 세대가 새로운 해답을 제시할 수도 있다.

나의 부족함이나 실수를 인정했다고 해서 존경받지 못한다고 생각하는 건 이미 낡은 사고다. 칭찬이든 지적이든 그것이 함께 올바른 방향을 향해 또 더 나은 가치를 위해 나아가는 과정이라는 신뢰가 있다면 충분히 좋은 동료로써 성장할 수 있을 것이다.

# 26

# 우리는
# 서로를 궁금해
# 해야 한다


○ ●● ◑　　일자리를 얻기 위해 회사에 면접을 보러 가면 보통 비슷한 패턴의 질문과 답변이 오가게 된다. 회사 측에서는 질문을 하고, 면접자는 그에 대해 성심껏 대답을 한다.

대부분 정해진 시간 내에 자신에 대한 PR을 해야 하는 입장인 셈인데, 가끔 반대로 '우리 회사에 대해 궁금한 게 있으세요?'라는 질문에 무엇을 물어봐야 할지 모르겠다고 토로하는 경우가 있다.

사실 이 자리는 회사와 면접자가 서로에 대해 알아가야 하는 시간이고, 당연히 서로에 대해 궁금한 점들이 있을 것이다. 면접자 입장에서도 질문을 통해 내가 이 회사에서 얼마나 만족하며 일할 수 있는지 확인하고 가늠해볼 수 있다. 그런데 막상 연봉이나 복지에 대해 질문하면 오히려 불쾌함을 드러내는 회사가 있다 보니, 정말 궁금한 것을 질문하기가 쉽지 않다. 왜 질문은 이렇게 불편하거나 어려운 대화법처럼 느껴지는 것일까?

오늘 회사에 출근했다면, 하루 종일 몇 번의 질문을 했었는지 떠올려 보자. 조직 내에서 사람들과 함께 지내며 우리는 수차례의 크고 작은 질문을 서로에게 던지게 된다. 직원들은 도움을 얻거나 문제를 해결하기 위해서 질문을 하고, 임원급이라면 업무의 진행 정도를 파악하거나 거래처와 서로의 합의를 찾아내기 위해서도 주로 질문을 활용하게 될 것이다.

사실 조직이 유지되고 나아가기 위해 질문은 반드시 있어야 할 필수 요소이지만, 우리는 질문의 중요성을 잘 모르거나 혹은 질문을 제대로 사용할 줄 모르는 경우가 많다.

조직과 구성원의 성장을 일깨우는 여러 가지 방법이 있겠지만 질문은 우리가 함께 생각하고 나아갈 수 있는 아주 유용한 도구 중 하나다. 특히 조직을 이끄는 입장의 기성세대는 질문을 통해 부하직원의 잠자는 역량을 이끌어낼 수 있다.

질문은 잠재되어 있던 좋은 아이디어를 수면으로 떠올리고 예상치 못한 위험 요소를 줄인다. 구성원 간에 서로에 대한 신뢰와 끈끈함을 발현시키는 역할도 한다.

밀레니얼세대는 이처럼 개인의 역량을 키우고 성장시켜줄 수 있는 리더를 원한다. 물론 이러한 개인의 발전이 조직의 발전으로 이어지는 선순환도 기대할 수 있을 것이다.

학교를 다닐 때 궁금한 게 있는데 질문하지 못했던 경험이 한 번쯤 있을 것이다. 대부분은 내가 모르는 것을 누군가가 알게 되는 것이 두렵기 때문이다.

선생님이나 친구들이 무시할 것 같기도 하고, 혹 핵심에서 벗어나는 질문을 던졌다가 바보 취급을 당하거나 핀잔을 들을까 겁이 나기도 한다. 어릴 때부터 질문을 친숙하게 접하지 못하고 자라왔기 때문에 커서도 질문을 잘 활용하지 못하는 경향이 있는 듯하다.

물론 실제로 어떤 면에서 질문은 자신이 모르는 것, 즉 자신의 약점을 드러내는 행위다. 하지만 자신의 완벽하지 못한 면을 드러내어 다른 사람의 도움을 구할 때 오히려 서로의 친밀감과 신뢰가 올라가기도 한다. 서로에게 던진 질문이 새로운 관점을 제시하고 더 나은 방향을 알게 해준다.

특히 세대 간 의사소통이 잘 이루어지지 않는다고 느껴질 때, 이는 대부분 서로의 다른 기준과 관점에 기인하고 있다.

내 기준에 대해서 열심히 설명하기에 앞서 상대방이 어떻게 생각하는지 질문해 보자. 상대방이 나와 어떻게 다른지 질문하고 귀를 기울인다면 오히려 소통의 지름길을 발견할 수 있다.

현대 경영학의 아버지로 불리는 피터 드러커는 '컨설턴트로서 나의 가장 큰 장점은 아는 척보다 먼저 이런저런 질문을 한다는 것이다'라고 말하기도 했다. 내가 하나의 조직을 이끌고 있다는 것은 조직을 구성하는 사람들의 커다란 잠재력과 함께하고 있다는 뜻이기도 하다.

우리는 모두 다른 경험을 통해 자라났고, 누구도 그 모든 것을 스스로 겪을 수는 없다. 하지만 소통하여 다른 사람의 경험과 생각을 한 자리에 모아 녹여낼 수는 있을 것이다.

조금 더 좋은 답을 만나기 위해서, 내가 이끌고 있는 조직원들에게 가장 훌륭한 결과를 이끌어내기 위해서는 그들의 생각을 궁금해 해야 한다. 알면서도 말하지 못한 것, 혹은 잠재적으로 지니고만 있는 생각과 아이디어를 꺼내어 모아야 한다.

하지만 다들 알다시피 모든 질문이 다 좋은 것은 아니다. 어떤 질문은 너무 공격적이거나 상대를 억누르는 방식으로 던져지고, 그런 질문은 전혀 소통의 물꼬를 트는 역할을 할 수 없다. 예를 들어 '이건 언제까지 끝낼 수 있죠?' 같은 질문은 단답형 대답을 유도하고, 때로는 심문처럼 딱딱하고 공격적으로 느껴지기도 한다.

좋은 질문을 하기 위해서는 내가 원하는 것만 일방적으로 말하는 것이 아니라 함께 같은 목적을 가지고 협력하려는 의도를 지녀야 한다.

어떤 리더는 밀레니얼세대와 커뮤니케이션에 임할 때 오히려 점점 더 그들이 입을 다물게 만든다. 또 어떤 리더는 상대방의 마음을 열고 채 꺼내지 못한 생각들을 끄집어내어 준다. 이 두 가지 유형을 '스토퍼'와 '헬퍼'라고 구분해 보자.

상대방의 입을 다물게 하는 커뮤니케이션을 하는 스토퍼는
주로 비판과 억제, 냉담한 반응을 드러낸다.

---

- **비판** | 상대의 생각을 그 자리에서 평가하고 부정한다.
- **억제** | 자신의 의지, 생각을 강요한다.
- **냉담** | 상대방의 생각이나 의견에 무관심하다.

---

반대로 상대방의 마음을 열어주는 커뮤니케이션, 헬퍼는 주
로 질문을 던진다. 헬퍼는 커뮤니케이션을 촉진하는 언행이며,
스토퍼를 극복할 수 있는 대응 방법이라고도 할 수 있다.

---

- **구체적 제시**
  상대의 아이디어를 보다 충분히 이해하고자 하는 것. 그
  아이디어에 대한 정보를 적극적으로 이끌어내는 태도다.
  ⇨ 예) 조금 더 설명해 주시겠어요?
  　　 그 상황에서 어떻게 하셨나요?

이런 모습, 행동은 어떻게 생각하세요?

· **문제 해결 지향**

구성원 서로가 문제를 명확히 하여 그에 대한 해결책을
함께 발견하고자 한다.

⇨ 예) 그 건에 대해 좀 더 좋은 방법이 있을까요?

○○와의 차이점은 뭘까요?

마음에 걸리는 것이 있으면 말씀해 주시겠어요?

· **공감**

공감 표현은 상대를 존중하고 있다고 느끼게 해준다.

⇨ 예) 그 상황에서는 그렇게 보일 수도 있겠군요. 저라도 참 힘
들었을 것 같아요.

밀레니얼세대가 가진 능력을 이끌어내는 것은 기성세대 리더
에게 필요한 중요 자질이기도 하다. 좋은 질문을 던지고 다양한
관점과 의견을 한 자리에 모아 발전시키는 것이 기성세대가 그들
에게 보여줄 수 있는 연륜이 아닐까 한다.

# 27

## 작은 관심부터
## 시작해보면
## 어떨까

○●●◎　대부분의 사람들이 회사 내에서 만나는 동료들과 하루 중 가장 긴 시간을 함께 보낸다. 가족과 보내는 시간보다도 훨씬 많은 비중일 것이다. 많은 사람들과 하루 종일 북적이며 일을 하는데도 우리는 그 안에서 사람으로 인한 위안을 얻지 못하고 오히려 스트레스를 받을 때가 더 많다.

환경을 바꿀 수 없다면 그 안에서의 마음가짐을 바꾸는 것이 평안해지는 가장 가까운 길이다. 가족도 아니고 친구도 아니지만 그렇다고 완벽한 타인도 아닌 직장 동료들, 나이도 다르고 살아온 배경도 달라 세대 차이마저 느껴지는 이들과 어떻게 함께 지내야 할까?

점심시간에 팀원들끼리 다 같이 식사를 하러 갔다고 하자. 점심 회식 삼아 다 같이 친목을 다지자고 모인 자리인데, 사실 오전 내내 인사 한 마디 나누지 않은 직원들이 더 많을 수도 있다. 모든 인원이 서로에 대해 잘 알고 친할 수는 없을 테니 말이다.

그런데 만약 그중 한 명이 식당에 들어오자마자 화장실이 급해 자리를 비웠는데, 바로 메뉴를 주문하는 타이밍이라면 당신은 어떻게 하겠는가? 그 한 사람 때문에 모두를 기다리게 해도 부담스러울 테고, 그렇다고 그 사람 것만 주문하지 않으면 나중에 가장 늦게 음식을 받아먹어야 하는 상황이다. 이때 혹시 내가 평소에 그 사람이 늘 먹던 메뉴를 기억하고 있다면, 대신 그 사람 몫의 메뉴를 주문해 준다면 어떨까.

"항상 김치찌개를 드시길래 그걸로 시켰는데, 괜찮으세요?"

나중에 자리로 돌아온 사람에게 한 마디 건넨다면, 그는 당신이 자신이 즐겨 주문하는 메뉴를 기억하고 있다는 것에 깜짝 놀랄 것이다. 자주 가던 카페에서 내 단골 메뉴를 기억하고 있어 놀라면서도 기분 좋았던 경험이 한 번쯤은 있지 않은가?

누군가 나의 취향을 기억해주고 있다는 작은 사실과 배려만으로도 잠깐이나마 마음이 따뜻해질 수 있다. 적어도 우리가 서로를 단순히 조직의 차가운 부품이 아니라 인간과 인간으로서 만나고 있다는 사실을 알 수 있으니 말이다.

물론 작은 관심과 간섭이 다르다는 사실은 기억해야 한다. 사적인 내용을 집요하게 물으면서 서로에 대해 굳이 구체적으로 알아가자는 뜻이 아니다. 간섭은 상대방의 행동을 내 기준으로 판단하여 개입하는 것이지만, 관심은 그 사람의 행동을 판단하지 않고 개별성을 유지하는 채로 호감이나 호기심을 전달하는 수단 같은 것이다.

상대방이 나와 다르게 느끼거나 행동한다 해서 영향력을 행사하려 하지 말고 있는 그대로 인정하고 받아들이는 자세가 필요하다. 개인사를 이유로 연차를 신청하는 직원에게 개인사의 구체적인 내용을 요구하고 거기에 코멘트까지 다는 상사들이 가끔 있다. 그에게 할 수 없이 개인적인 정보를 전달했다고 해서 친해졌다고 느끼는 직원은 없을 것이다.

그 사람이 어디서 태어나고 어떻게 자랐는지, 어떤 집에서 살고 있는지, 주말에는 무엇을 하면서 시간을 보냈는지, 굳이 그런 구체적인 삶을 들여다보지 않더라도 우리는 얼마든지 사소한 관심을 나누며 호의적인 관계를 맺을 수 있다.

특히 기성세대와 밀레니얼세대 사이에서 관계를 맺고자 하는 필요와 의지가 다르다 보니 마음과 달리 오해를 사거나 가까워지려 다가갔다가 오히려 서로 밀어내기만 하는 일들이 생긴다.

권위를 행사하기 위해 다가오거나 무슨 목적이 있는 것이 아니라 순수한 호감과 호기심으로 다가오는 사람을 우리는 알아볼 수 있다. 사실 상대방의 관심사로 이야기를 시작하는 것은 우리가 서로 사소한 관계라도 맺기 위한 가장 쉬운 첫 단추이기도 하다.

간단히 생각해 봐도, 명절에 만난 친척에게 '대학은 어디 갈 거니?'보다 '영화 좋아하니?'를 물으면 훨씬 즐겁게 이야기를 나눌 수 있을 것이다.

나는 같은 부서에 있으면서도 서로 잘 모르거나 서먹서먹한 사람들을 대상으로 강연을 할 때 이런 간단한 활동을 해보기도 한다.

총 7명이 한 조가 되어 한 사람씩 간단한 발표를 하는 것이다. 주로 '최근에 힘들었던 일에 대해 얘기해 보세요' 혹은 '자랑하고 싶은 일에 대해 얘기해 보세요' 같은 주제를 제시한다.

한 사람이 자신의 이야기를 하면, 나머지 6명은 자기 앞에 놓인 여러 장의 카드 중에서 3개를 골라 그 사람에게 건네준다. 카드에 적힌 글귀는 이런 것들이다.

---

'힘내세요.'

'제가 술 한 잔 살게요.'

'당신이 자랑스러워요.'

'멋진 삶이네요.'

---

한 사람마다 자신의 이야기를 마친 뒤 이런 글귀가 적힌 카드

를 총 18개 받게 되는 셈이다. 나에 대해 잘 모르는 사람들이 오로지 내 이야기만 듣고 나에게 응원의 메시지를 보내준다. 이제 우리는 적어도 서로에 대해 따뜻한 관심을 나눈 기억 하나씩은 공유하게 된 셈이다.

사람은 누구나 자신의 일을 가장 중요하고 크게 느끼지만 그것을 다른 사람에게 인정받는 건 쉽지 않다는 것을 알고 있다. 그래서 아무것도 아닌 것 같지만, 또 어찌 보면 진부한 것 같지만 그런 흔한 말 한마디가 고맙고 깊게 와 닿는 순간들이 있다.

조직 내에서도 실은 이렇게 흔한 말 한마디, 아무것도 아닌 듯한 단순한 말 한마디가 관계의 윤활유가 되어주기도 한다.

우리가 서로 너무 친해질 필요는 없지만 그렇다고 굳이 갈등하는 관계가 될 필요도 없다. 모두와 깊게 친해지려고 노력하기보다는 모두와 불편하지 않은 관계를 맺는 것이 더 어려울지도 모른다. 결국 인간적으로 서로를 존중하고 사소한 관심으로 적당한 온도를 유지하는 것이 서로 다른 우리가 한 공간에서 같은 시간을 함께할 수 있는 하나의 해답이 되어줄 것이다.

# 28

# 카리스마보다
# 마음을 움직이는
# 힘

○ ●● ◐　　가부장제가 뿌리 깊은 우리나라에서는 가정 내에서부터 상하 서열이 분명했다. 아버지의 말씀이 곧 법이었고, 아버지는 자식에게 약한 모습을 보이지 않는 엄하고 든든한 가장이어야 했다. 그래서 소통은 대개 명령과 복종으로 이루어졌다. 이는 자연히 기성세대의 조직 문화로도 이어졌다.

조직을 이끄는 리더는 모두가 따를 만한 권위와 카리스마가 있어야 했고, 사람들의 말에 귀 기울이는 부드러운 리더는 오히려 믿음직스럽지 않다고 생각하는 인식도 있었다. 그래서 리더에게 필요한 중요한 자질 중 하나는 감성을 배제한 냉정한 팩트 위주의 지시였다.

하지만 지금의 리더가 이끌어가야 하는 밀레니얼세대가 원하는 리더의 모습은 사뭇 달라졌다. 그들은 조직원들과 정보를 공유하지 않고 혼자서 판단하고 지시하며 책임지는 리더를 따르거나 존경하지 않는다.

오히려 리더가 조직원들과 정보를 공유하여 함께 가치 있는 역할을 맡기를 원하며 그 과정에서 명령보다 공감과 배려로 나를 이끌어주는 것을 선호한다.

그래서 요즘은 공감 능력을 기반으로 한 감성 리더십의 중요성이 각광받고 있다. AI가 웬만한 것은 모두 해결해주는 디지털 시대에 사람만이 할 수 있는 일은 결국 사람의 마음을 들여다보고 소통하는 인간관계 능력일 것이다. 인정과 칭찬을 통해 일에 몰입하고 동기 부여 받는 밀레니얼세대를 이끄는 데 필요한 것은 권위적인 카리스마보다 사람의 마음을 움직이는 감성 리더십이다.

감성 리더십이란 리더가 타인의 감성을 파악하고 배려함으로써 서로 자연스러운 관계를 형성하는 것을 말한다. 미국의 심리학자 대니얼 골먼은 리더에게 필요한 것은 이제 기술적 능력이나 지능이 아니라 '감성 지능 Emotional Intelligence'라는 연구 결과를 발표하기도 했다.

그는 감성 지능이란 '자신의 한계와 가능성을 객관적으로 보고 다스리며, 상대방의 입장에서 진정으로 이해하고 좋은 관계를 유지하는 능력'이라고 말했다. 즉 자신에 대해 객관적으로 인식하고 자신의 기분을 스스로 통제할 수 있으면서도, 타인의 입장을 내 감정처럼 이입하여 느끼고 효과적으로 커뮤니케이션할 수 있는 능력이 필요하다는 것이다.

하지만 지금의 우리나라 직장인 대부분은 감성 리더십보다 권위적인 서열과 성과 중심의 문화에 익숙하다. 직장 내에서 공동생활을 하며 남을 배려하지 않거나 남을 무시하고 부하직원의 성과를 내 것처럼 포장하거나 혹은 내가 해야 할 일을 부하직원에게 떠넘기는 상사들도 적지 않다.

대부분의 리더가 성과만을 가장 우선으로 생각하고, 실제로도 좋은 성과를 내는 직원이 승진하지만 정작 사람들을 아우르고 이끄는 관계 지향적인 리더십 역량은 약한 경우가 많은 것이다. 그러나 이런 상사들이 자리를 잡고 있으면 인재들은 금방 떠나버리고 조직은 발전이 없다.

리더십 전문가인 토마스 제임스는 사업을 성공으로 이끄는 리더 50명의 15가지 공통 자질 중 단 3가지만 지적 능력이나 기술적 능력과 관련이 있고 나머지는 모두 감성 지능을 기반으로 하고 있다고 밝혔다. 즉 지적 능력이나 기술적 능력도 중요하지만 더욱 필요한 것은 상대방을 이해하고 좋은 관계를 유지할 수 있는 감성 지능이라는 것이다.

감성 리더십이 부족한 리더는 구성원들과 함께 의견을 나누기보다 자신의 권위를 앞장세워 독자적인 결정을 내리는 특징이 있다. 조직원들의 역량을 이끌어내기 어렵고, 부당하게 권력을 휘두르고 있다는 인상을 주기 쉽다.

밀레니얼세대 대부분이 힘들게 취업의 문을 열고 회사에 들어오지만, 막상 입사 후에는 자신이 잘 알지도 못하는 부서에 배치를 받아 시키는 일만 기계처럼 해내야 하는 경우가 많다. 그렇다 보니 무엇을 위해서 무엇에 열정을 불태워야 하는지도 잘 모르고, 결국 조직에서 이탈하는 것으로 마무리가 된다.

　기성세대는 왜 그걸 보고만 있을까? 새로운 구성원을 기존의 방식에 맞춰 넣고자 하는 마음이 있기 때문일 것이다. 조직이 변화해야 할 시점인데, 새로운 구성원들을 기성세대가 만들어둔 조직 문화에 맞게 편입시키고자 하는 것이다.

　그 입장의 차이를 조율하고 서로에게 더 발전적인 방향으로 조직이 나아가기 위해서는 제일 먼저 사람을 들여다보고 살펴야 한다. 나와 다른 입장을 가지고 있는 사람을 만났을 때, 세상에 다양한 관점이 있고 그 하나하나가 모두 타당하다는 것을 이해해야 한다.

　낯선 사람과 같은 테이블에 앉아 우연히 이야기를 나누게 되었을 때, 같은 여행지에 다녀왔다는 사실을 알고 나면 왠지 서로가 친근하게 느껴지는 경험이 있지 않은가? 함께 공감할 수 있는 영역이 있으면 더 쉽게 마음을 열 수 있다. 기성세대와 밀레니얼 세대가 서로의 다름을 이해하고 긍정적인 에너지를 발현하기 위해서는 정서적인 공감이 먼저 필요하다.

　성과를 향해 진취적으로 나아가되 함께하는 사람들을 진정성 있게 대하고 존중하여 마음에서 우러나는 신뢰를 이끌어내는 리더, 이상적이지만 쉽지는 않을 것이다. 하지만 감성 리더십을 발휘하는 리더는 상대방의 감정을 이해하고 관계에서 생길 수 있는 갈등을 예방할 수 있다는 강점이 있다. 이로 인해 조직 구성원의 신뢰도가 올라가면서 효율적인 의사소통이 가능하고, 자연히 팀의 업무 효율과 성과도 올라갈 수 있다.

너무 멀리까지 생각할 필요 없이, 당장 내 옆자리 동료나 혹은 집에 있는 가족과의 대화부터 시도해보는 것도 좋다. 상대방의 입장에 대입하여 생각해보고 나보다 그의 어려움에 대해 위로해 보자. 매일 똑같은 하루를 보내면서도 내가 몰랐던 관점과 보지 못했던 영역의 세계가 넓어지는 것을 느낄 수 있을 것이다.

# 서로의 마음을 읽는
# 커뮤니케이션

○ ◑◐ ◖◐

내가 기업 대상의 강연에 가서 조직 생활에서 무엇이 가장 큰 문제냐고 물으면 대부분 리더나 구성원과의 소통이 잘 안 된다는 점을 호소한다. 대부분의 기업이 보수적이고 수직적인 문화를 고수하고 있다 보니 소통은 대부분 회식 자리나 아이디어 회의 등의 자리에서 이루어진다. 그런데 기성세대 리더들의 조직원으로 있는 대부분의 밀레니얼세대가 이 과정에서 원활하게 의견 개진을 하지 않는 경우가 많다.

사실 기업에서뿐만 아니라 현대 사회인들 대부분이 소통에 어려움을 겪고 있을 것이다. 물론 인터넷을 발달로 우리는 그 어떤 시대보다 빠르고 넓은 범위의 의사소통을 하고 있다. 하지만 인터넷과 SNS에서 이루어지는 기계적인 소통이 아니라 사람과 사람 사이의 진정성 있는 소통은 충분하지 않다. 그래서 메신저 친구 목록에 아무리 많은 사람들이 있어도 정작 필요할 때 곁에 있어줄 사람은 적은 것이다.

가상세계가 넓어질수록 우리는 오히려 인간관계에서 점차 고립되어 간다. 특히 누군가와 깊은 관계를 맺고 상처받은 경험이 있는 사람들은 점차 마음을 닫고 불특정 다수와 얕은 관계를 맺는 것에 오히려 안도한다. 내 취향을 공유하고 서로에게 '좋아요'를 눌러주면서 충분한 사회적 소통을 하고 있다고 느끼기도 한다.

하지만 오히려 한 조직 내에서 매일 만나며 얼굴을 마주보는 사람들과는 어느 정도의 거리에서 어떤 관계를 맺어야 할지 어려움을 겪는 경우가 많다.

그러나 사회 속에서 더불어 살아가기 위해서는 내가 마음을 열고 진실되게 다가가 소통하고자 노력하는 것이 중요하다. 소통은 단순히 말로 대화하여 정보를 교환하고 상대의 의도를 읽어내는 것이 아니라, 서로의 인격체가 가치관을 공유하는 과정이라고 할 수 있다.

엄마가 갓난아이의 울음소리를 듣고 무엇을 원하는지 아는 건 '대화'가 없어도 마음의 소리를 읽을 수 있기 때문이다. 얼마나 다양한 사람들과 얼마나 많은 대화를 하는지가 중요한 것이 아니라, 진심으로 서로를 이해하고 관계를 맺을 때 진정한 소통이 시작된다는 것이다.

최근 몇 년 동안 계속해서 사회적 문제로 떠오르고 있는 '갑질'을 비롯하여 각종 갈등이나 분쟁의 원인 역시 결국은 소통의 부재에서 찾을 수 있다. 상대방의 입장에 공감하지 못하고 단절되어 있을 때 일방적으로 권력을 휘두르기 쉽기 때문이다. 대부분의 갈등이 다른 사람의 입장을 생각하지 않는 자기중심적인 사고에서 시작된다. 특히 자신의 경험을 신봉하는 기성세대가 경계해야 할 태도이기도 하다.

살아오면서 우리는 수많은 선택을 하게 된다. 어떤 선택은 옳

앉고, 또 어떤 선택은 잘못되었다고 느낄 것이다. 경험을 통해 얻은 귀중한 깨달음을 다음 세대에게 전해주고 싶은 마음이 든다. 하지만 세상은 변화하고 있고 개인의 경험은 절대적일 수 없다. 내가 옳다고 생각하는 것이 다른 사람에게도 정답이 되리라는 보장은 없다. 따라서 소통을 위해서는 기본적으로 다른 사람의 가치관과 의사 결정을 존중하는 자세가 필요하다.

한편으로는 기성세대와 밀레니얼세대가 원활하게 소통할 수 있도록 회사 차원에서도 자유로운 분위기를 조성하고 시스템적으로 충분히 지원해주는 것도 중요하다. 그리고 변화를 들여다볼 준비가 되었다면, 기성세대 리더로서 선뜻 이해되지 않더라도 밀레니얼세대의 이야기에 진심으로 마음을 열고 귀를 기울여 보자. 진부한 말이지만 진심은 서툴더라도 상대방에게 반드시 전달되기 마련이다.

# 변화는 가까이에 있다

우리는 살아가면서 수없이 변화를 겪지만 내가 적극적으로 변화를 수용할 기회를 놓치는 경우가 많다. 영국의 유명한 레코드 회사인 데가 레코드는 음반 계약을 맺기 위해 찾아온 비틀즈에게 '기타 치는 밴드는 이미 한물갔다'며 그들을 탈락시켰다.

디지털 이큅먼트사의 사장인 케네스 올센은 '개인이 집에 컴퓨터를 가지고 있을 이유가 전혀 없다'고 말했다. 심지어 빌게이츠도 '640kb면 모든 사람이 충분하게 사용할 수 있는 메모리 용량이다'라고 단언하기도 했다.

그들이 과거에 당연하게 생각하고 한 이야기가 지금의 우리에게는 들어맞지 않는다는 것은 누구나 알고 있다. 그들은 당시에 누리고 있는 것들에 대해 어딘가 바뀔 필요가 전혀 없다고 생각했다.

하지만 변화는 필요에 의해 찾아왔다. 사람들은 기타 치는 밴드 비틀즈를 사랑하게 되었고, 1인 1PC 이상을 소유하게 되었으며, 메모리 용량이 계속해서 커지고 있다는 건 말할 것도 없다.

과연 앞으로는 어떨까? 지금도 세상은 실시간으로 변화하고 있다는 것을 모두 잘 알고 있다. 기술적인 변화는 물론이고 정신적인 가치관 역시 놀랄 정도로 빠르게 달라진다. 이에 새로운 흐름을 받아들이려고 다들 나름대로의 노력도 하고 있을 것이다.

하지만 몸에 배어 있는 문화적 습관이 있다 보니, 이러니저러니 해도 6시 정각에 칼같이 퇴근하는 신입사원을 보면 자기도 모르게 혀를 차게 된다. 우리 때는 저러지 않았는데, 자기 할 일만 마치고 퇴근하는 직원이 이기적으로 보이기도 하고 쓸쓸하기도 한 마음이 드는 것이다.

이때 서로의 간극을 좁히기 위해 생각의 변화가 필요하다. 서로의 가치관을 인정하지 않고 부정하는 데서 서로 간의 오해가 시작된다는 생각이 든다. 기성세대는 '나는 아니겠지' 싶은 마음

을 버리고 의식적으로 밀레니얼세대의 가치관에 공감해보려 시
도하고, 밀레니얼세대는 '나만 아니면 돼'라는 생각을 내려놓고
기성세대의 공동체적 조직 문화를 조금은 이해하려고 노력할 필
요가 있다는 것이다.

서로 다른 세대를 살아온 이들에게 나와 똑같은 기준을 강요
하는 것은 결국 아무런 결과도 도출해내지 못할 가능성이 높다.
우리가 서로 다르다는 것을 받아들이고 그들의 장점을 극대화하
며 함께 성장해나가는 것이 우리가 앞으로 해야 할 일이 아닐까?

물론 변화는 낯설고 두렵다. 지금까지 내가 믿고 지켜온 것들
이 한순간에 다른 문화로 대체되는 것에 당혹감이 들기도 한다.
하지만 공들여 쌓은 탑이 무너질 것 같아 불안한 마음을 거두고
과감하게 밀레니얼세대를 마주하면, 생각보다 꽤 상쾌한 미래가
펼쳐질지도 모른다.

이 책을 읽으신 분들은 변화를 두려워하거나 망설이지 마시고 새롭게 도전하는 또 다른 청춘을 맞이하시길 진심으로 바란다.

# 밀레니얼에
## 집중하라

**펴낸날**  초판 1쇄 2019년 11월 27일

**지은이**  심혜경

**펴낸이**  강진수
**편집팀**  김은숙, 이가영
**디자인**  임수현

**인 쇄**  삼립인쇄㈜

**펴낸곳**  (주)북스고 | **출판등록**  제2017-000136호 2017년 11월 23일
**주 소**  서울시 중구 퇴계로 253 (충무로 5가) 삼오빌딩 705호
**전 화**  (02) 6403-0042 | **팩 스**  (02) 6499-1053

**ISBN**  979-11-89612-39-9  03320

이 도서의 국립중앙도서관 출판예정도서목록(CIP)은 서지정보유통지원시스템 홈페이지(http://seoji.nl.go.kr)와
국가자료종합목록시스템(http://kolis-net.nl.go.kr)에서 이용하실 수 있습니다. (CIP제어번호 : CIP2019047081)

책 출간을 원하시는 분은 이메일 booksgo@naver.com으로 간단한 개요와 취지, 연락처 등을 보내주세요.
Booksgo 는 건강하고 행복한 삶을 위한 가치 있는 콘텐츠를 만듭니다.